BUZZ

© 2023, Buzz Editora
© 2023, Jorge Azevedo

Publisher ANDERSON CAVALCANTE
Editora TAMIRES VON ATZINGEN
Assistentes editoriais LETÍCIA SARACINI, PEDRO ARANHA
Preparação ELIANA MOURA MATTOS
Revisão LIGIA ALVES
Projeto gráfico ESTÚDIO GRIFO
Assistentes de design LETÍCIA ZANFOLIM, NATHALIA NAVARRO

*Nesta edição, respeitou-se o novo Acordo Ortográfico
da Língua Portuguesa.*

Dados Internacionais de Catalogação na Publicação
(CIP) Câmara Brasileira do Livro, SP, Brasil

Azevedo, Jorge
*Como nasce uma startup: O passo a passo para
criar um negócio de sucesso e altamente lucrativo /*
Jorge Azevedo
São Paulo: Buzz Editora, 2023

ISBN 978-65-5393-133-6

1. Empreendedores 2. Empreendedorismo 3. Empresas
novas – Administração 4. Gestão de negócios
5. Investimentos – Planejamento 6. Participação
societária 7. Startups I. Título.

CDD-658.421   22-138219

Elaborado por Inajara Pires de Souza CRB PR-001652/O

Índice para catálogo sistemático:
1. Startups: Empreendedorismo: Administração de
   empresas 658.421

Todos os direitos reservados à:
Buzz Editora Ltda.
Av. Paulista, 726, mezanino
CEP: 01310-100, São Paulo, SP
[55 11] 4171 2317
www.buzzeditora.com.br

JORGE AZEVEDO

COMO NASCE UMA STARTUP

O passo a passo para criar um negócio de sucesso e altamente lucrativo

"O Jorge é um incansável intelectual que, por meio de sua habilidade e de seus insights, inspira executivos de alta performance. Sua forma original de lidar com temas de alta complexidade nos permite encontrar soluções inovadoras e executáveis."
LEOPOLDO MARTINEZ — CEO Superdigital do Santander

"Conheço o Jorge de longa data, um excelente consultor, com mais de vinte anos de estrada em diferentes indústrias, combinando experiência e bom senso. Sua vivência como consultor e investidor-anjo de startups o credencia como um especialista em iniciação de negócios no mercado."
EURICO FABRI — Vice-presidente do Bradesco

"Pelo seu background analítico e profundo, típico da atividade profissional que exerce em torno de temas sofisticados de estratégia corporativa, o Jorge consegue imprimir na sua escrita temáticas distantes desse universo em uma visão arejada e bastante proprietária, saindo do lugar-comum. A racionalidade é complementada por uma abordagem particular de aspectos mais humanos e de sensibilidade refinada, tornando a leitura mais interessante e um tanto surpreendente. E especificamente ao discorrer sobre o ecossistema de empreendedorismo essas características ficam ainda mais pronunciadas e podem brindar o leitor com uma jornada prazerosa."
ANDRÉ RODRIGUES — Vice-presidente do Itaú

"Jorge é um experiente investidor e mentor de startups no Brasil e certamente já vivenciou os mais diversos casos de sucesso, fracassos, rodadas de investimento e exits, acumulando valiosas lições, compartilhadas neste novo livro. Uma obra de referência para ajudar empreendedores iniciantes e executivos (intraempreendedores) a criar e escalar suas empresas de maneira sustentável."
GLAUBER MOTA — CEO Revolut

APRESENTAÇÃO

O que vou lhe contar agora é algo de que muito provavelmente você vai se lembrar daqui a uns cem anos; e, sim, é bem possível que viva o suficiente para se recordar desta nossa conversa em um futuro distante. Mas vamos deixar para falar sobre isso um pouco mais à frente.

Para começar, acredito que é possível que você se identifique com a minha história pessoal, pois, com a experiência adquirida ao longo dos anos, notei que muito pelo que passei tem sido um padrão na vida de tantas outras pessoas. Por exemplo, escolhi a profissão que meus pais queriam para mim, fiz a faculdade que meus colegas tanto desejavam, entrei para a empresa com a qual meus amigos sonhavam e, no final, descobri que, apesar de ter percorrido uma trajetória de aparente sucesso, não seria isso que de fato faria sentido na minha vida. A cada passo que dava nessa jornada corporativa, mesmo crescendo profissionalmente, eu sentia um vazio ainda maior dentro do meu peito.

O mais curioso é que tenho visto isso acontecer inclusive com amigos próximos, que optaram por caminhos bem diferentes do meu, como o Marcus, procurador federal, que vive contando os dias para se aposentar e construir o seu próprio negócio. Ou do meu mentorado Bruno, que não consegue o emprego dos seus sonhos e tem que se contentar com alternativas que lhe permitam apenas subsistir, profissionalmente falando.

Essa situação me aflige com uma sensação de desperdício, pois estamos falando de pessoas que estão passando pela vida desfrutando muito menos do que sonharam e sem atingir a plenitude do seu potencial e do que merecem conquistar. São pessoas que estão no piloto automático, vendo tudo passar em um preto e branco triste, quando poderiam estar sonhando e vivendo todas as paletas de cores que a vida oferece.

Entretanto, o que tenho percebido é que essa realidade pode se tornar ainda mais desafiadora. Estudando sobre comportamento humano e tendências demográficas, me deparei com um cenário que nos leva a uma questão que quero compartilhar com você: o que aconteceria se todos no mundo passassem a viver trinta ou quarenta anos a mais? Quais seriam as consequências de tal mudança? Qual o impacto que esse novo cenário causaria na sociedade, na nossa vida e em nossos planos e sonhos?

A princípio, podemos analisar essas indagações sob três aspectos fundamentais:

No ambiente corporativo: se olharmos para dentro de uma empresa, a tradicional estrutura de carreira sofreria um impacto muito grande. Vamos ter mais pessoas em idade de se aposentar, mas que ainda estarão no auge da capacidade produtiva e cheias de energia. Como será possível lidar com isso? Elas poderiam continuar no ambiente corporativo; porém, assim travariam a carreira das pessoas mais jovens, congelando toda a pirâmide organizacional. Ou então seriam expulsas do mundo corporativo e teriam que buscar uma alternativa para continuar exercendo sua potencialidade.

Quanto ao impacto financeiro: o primeiro ponto a considerar é que teríamos que repensar nossa aposentadoria. Os modelos de previdência que conhecemos hoje entrariam em colapso. As previdências estariam quebradas, pois não haveria reservas, entradas ou recursos suficientes para prover essa nova faixa da população, que viveria por décadas adicionais.

Sobre o impacto tecnológico: em geral as empresas fazem um investimento em desenvolvimento de inovações, e, ao longo de décadas, a comercialização dessa tecnologia subsidia o valor gasto inicialmente em pesquisa. Mas o desenvolvimento tecnológico vem acontecendo em uma velocidade tal que, antes de um produto recém-lançado se pagar, já surge outro mais avançado, de modo que mal dá tempo de cobrir o investimento anterior. Esse desequilíbrio deverá inflacionar sobretudo o preço da biotecnologia, principal responsável pela expectativa de prolongar a nossa vida, proporcionando um terrível dilema.

É claro que você sempre pode dizer que essa é uma realidade que ainda está distante e que não vai atingi-lo. Só que não é bem assim que as coisas funcionam. Por incrível que pareça, essas mudanças estão acontecendo mais rapidamente do que poderíamos imaginar.

Para deixar claro esse ponto, costumo descrever a grande mudança que houve, continua havendo e ainda vai haver no perfil da população que é fruto da evolução da medicina, biotecnologia, computação, entre outras. É bastante simples perceber essa tendência: em 1940 a expectativa de vida do brasileiro era de quarenta anos e atualmente está em 76. Se você fizer uma conta rápida, nesses oitenta anos que se passaram a humanidade teve, em média, a cada ano, um aumento de cinco meses na expectativa de vida. E esse acréscimo deve acelerar ainda mais, nos induzindo a subestimar onde tudo isso possa parar.

Agora, indo um pouco além das estatísticas e olhando essa situação mais de perto, vou contar só mais uma coisa: existem estudos afirmando que as pessoas que vão viver 150 anos já nasceram[1] – talvez você mesmo ou o seu filho já sejam uma delas. Pense sobre isso. O que essa possibilidade realmente significaria na vida dessas pessoas e também em termos de mudanças no mundo e nos relacionamentos? Você imagina o que teria de fazer para se preparar para viver em uma realidade como essa?

No entanto, suponhamos que você tenha razão e que efetivamente esse futuro não aconteça tão rapidamente a ponto de afetá-lo. Mesmo assim, ainda é possível que esteja vivendo uma situação semelhante a esta: você é um profissional que dedicou anos aos estudos ou adquiriu uma tremenda experiência, chegou a acreditar que tinha encontrado a sua vocação e que estava na profissão ou carreira dos sonhos; mas agora se sente estagnado, sem muita perspectiva de evoluir. Diante de tal conflito, você percebe que chegou a um impasse quanto ao que deve fazer com sua trajetória profissional em detrimento dos seus ideais de sucesso e de seu real propósito de vida.

A constatação de que o tempo está avançando e de que você está deixando seus sonhos irem definhando se torna um incômodo insistente; e os seus planos não realizados passam a fraquejar, como se fossem uma chama interna que se apaga lenta e irreversivelmente, trazendo a sensação de vazio na alma e distanciando-o do que um dia foi a sua intenção mais genuína.

1 PYRKOV, T. V.; AVCHACIOV, K.; TARKHOV, A. E. *et al.* Longitudinal Analysis of Blood Markers Reveals Progressive Loss of Resilience and Predicts Human Lifespan Limit. *Nat Commun*, v. 12, n. 2765, 2021. https://doi.org/10.1038/s41467-021-23014-1.

Desse modo, chegamos a um impasse: se é ótimo pensar na possibilidade de viver bem mais tempo, de ter uma vida mais longa, podemos também dizer que isso pode ser desafiador se você tiver de conviver com a dura realidade sobre a qual estamos conversando. O que fazer, então?

Calma. Nem tudo está perdido. Você ainda pode alcançar seus objetivos e realizar a transformação da sua vida, de modo a desfrutar plenamente de todos esses anos que poderão ser acrescentados à sua existência. A solução pode vir por meio do empreendedorismo, que, além de acenar com uma promessa de reconhecimento financeiro, pode proporcionar uma grande satisfação de cunho pessoal.

Afinal, é razoável esperar que alguém que está em plena capacidade produtiva e cheio de energia, ao sair de um emprego, queira continuar intelectualmente ativo — por exemplo, abrindo um negócio próprio — e assim passe a procurar e explorar ideias que sirvam de base para seu empreendimento.

Podemos dizer, de certa forma, que essa situação é no mínimo paradoxal, porque no passado era comum e prioritário buscar um emprego fixo, passar num concurso público ou ser aceito em uma grande multinacional, conquistando uma posição considerada estável — estabilidade esta que, em breve, poderá ser colocada em xeque diante de uma nova realidade.

Entretanto, nos dias de hoje empreender passou a ser uma excelente alternativa para aquele profissional experiente que acabou de ser expulso da força produtiva. Ou mesmo para aquele aposentado que ganhou uma sobrevida, mas não dispõe de recursos para se sustentar por esse tempo todo. Ou ainda para o recém-formado nas escolas, que não está conseguindo encontrar um lugar por onde começar sua vida profissional.

Como você vai perceber, empreender, principalmente em torno de uma ideia diferente e escalável, vem se consolidando como o caminho mais seguro para a realização dos seus sonhos, para a concretização daquilo que você espera da vida, do que deseja construir. Diante de tais circunstâncias, o que podemos concluir é que daqui para a frente a opção do empreendedorismo estará mais viva do que nunca na mente e no coração das pessoas. E, por incrível que pareça, não se trata de algo passageiro, mas da possibilidade de estarmos criando as startups,[2] os embriões dos próximos grandes negócios — com efeito, é bem fácil lembrar que seis[3] das dez maiores empresas atuais nasceram em uma garagem.

Minha proposta neste livro é dar a você um pequeno empurrão para se tornar um empreendedor de sucesso. Quero ensiná-lo a começar, a encurtar os caminhos, a economizar tempo e aumentar suas chances de ser bem-sucedido.

Desse modo, você se tornará apto a explorar e a usar todo o seu potencial empreendedor, para que possa não só mudar a sua vida, mas também influenciar o ambiente onde atua — aliás, sou partidário daquela verdade que diz que, se você quer fazer do mundo um lugar melhor, comece com as pessoas mais próximas a você.

Vou ajudá-lo a tirar a sua ideia do papel, empreendê-la com praticidade e fazer dela uma realidade. Não importa se você vai viver somente mais um ano ou se vai chegar até os cem, 120 ou 150 anos. O que importa, na verdade, é como vai viver, que qualidade de vida vai atingir e quão plenamente vai desfrutar seus dias. E que, no final da sua jornada, você encontre algumas respostas para estas questões: qual será o seu legado para a posteridade? Como tornar este mundo um lugar ainda melhor para viver?

---

2 Startup, cujo significado literal seria "empresa emergente", caracteriza-se por ser inovadora, intensa em tecnologia e com modelo de negócio repetível e escalável. Apesar de o livro focar o processo de criação de uma startup, muito do que vamos ver também se aplica ao lançamento de negócios mais tradicionais.

3 Cinco ou seis, a depender da referência: Apple; Microsoft; Alphabet (Google); Amazon; Tesla; Meta (Facebook).

INTRODUÇÃO

É possível que neste instante você vislumbre o empreendedorismo como o caminho para escapar das suas inquietações e enfrentar essa nova realidade do mundo. É bastante provável que esteja convencido de que ser empreendedor proporciona as condições para resolver seus problemas e aspirações nas áreas profissional e pessoal. Mas, apesar de tudo, também é possível que suas dúvidas sejam tantas que tornam o caminho nebuloso.

Podemos dizer que, em um primeiro momento, diante dessa nova realidade que se estabelece, teremos cada dia mais pessoas frustradas por não poderem se realizar como sonharam, por serem obrigadas a se recolher a um canto, como se fossem descartáveis, mesmo ainda estando com energia plena e sendo perfeitamente capazes de produzir, criar e gerar resultados. E assim elas carregarão um vazio na alma e a sensação de algo importante a ser preenchido.

No entanto, passada essa fase de constatação, abre-se diante dos seus olhos a visão e a esperança de que empreender pode ser a solução para potencializar o seu talento e obter o reconhecimento desejado — enfim, para ajudá-lo a rejuvenescer em sua essência. Ser empreendedor lhe permite atingir os mais relevantes aspectos da vida, de maneira mais completa.

Conforme já comentamos, empreender pode vir a ser a saída para o caso de você não estar satisfeito com o seu emprego, ou não conseguir entrar profissionalmente numa empresa que lhe interessa, ou porque deseja manter-se ativo e produtivo, mesmo já não sendo tão jovem.

Empreender é deixar a sua marca no mundo. É um investimento em autoestima e tem muito a ver com a sua sobrevivência e com a sua saúde mental, porque, a partir do momento em que você começa a solucionar problemas, mantém-se ativo, produtivo e mais feliz por muito mais tempo.

O empreendedorismo torna-se também uma possibilidade interessante para lhe trazer tranquilidade no âmbito financeiro, possibilitando prover recursos para uma aposentadoria digna e para construir uma reserva de emergência para o seu sustento familiar e o dos seus herdeiros. Ao empreender tendo como base uma ideia boa, sabendo como tirá-la do papel e manifestá-la no mundo real, você proporcionará abundância.

O importante é sempre lembrar que, ao falarmos de empreender, não devemos focar só o dinheiro, mas também o reconhecimento social, familiar e pessoal. Em suma, estaremos contemplando a possibilidade de trabalhar em sua própria essência pessoal, realizando seu propósito de vida. Seja qual for a razão que o leve a empreender, essa pode vir a ser a melhor forma de se adaptar à nova dinâmica que vem se impondo no mundo.

É fundamental compreender que, quando falamos em empreendedorismo, estamos indo muito além daquela ideia básica de organizar e gerenciar um negócio e seus riscos. Estamos falando de uma ferramenta que permita que você faça seus sonhos se transformarem em realidade, que possibilite implementar a sua própria visão de mundo. Falamos de um empreendedorismo que lhe forneça a autonomia necessária para tomar as decisões que farão diferença real na sua vida.

Empreender é, antes de tudo, materializar um sonho de liberdade, de reconhecimento e de estabilidade, de ser dono do próprio negócio e do próprio destino. Isso acontece especialmente quando você trabalha com aquilo de que gosta, dentro de um negócio que é seu, desenvolvendo uma paixão pelo que faz, levando-o a estar sempre ativo e motivado com cada projeto inédito que empreende.

Novos negócios vão proporcionar uma mudança positiva na sua vida, influenciar outras pessoas pelo mesmo caminho e, finalmente, deixar sua pegada no mundo. Nesse contexto, a questão primordial é: Como tirar uma ideia do papel e torná-la parte de um empreendimento de valor real na sua vida? É exatamente nesse ponto que este livro se propõe a ajudá-lo a acelerar a construção do seu novo negócio.

Para tanto, é necessário colocar em foco as cinco principais estratégias de ação:

- Desenvolver uma *visão ampliada*, para enxergar novos caminhos a percorrer na direção de seus sonhos.

- Estimular uma *percepção maior*, derrubando pensamentos que bloqueiam sua capacidade de crescimento, percebendo e resolvendo os pontos cegos que estão impedindo você de avançar.
- Trabalhar na *redução de riscos*, compartilhando lições aprendidas. Aproveitar os caminhos que já foram percorridos e ganhar segurança no que você está fazendo.
- Lançar mão da *inteligência coletiva*, encontrando meios para racionalizar tempo e recursos investidos, aproveitando o conhecimento que está disseminado na sociedade.
- *Virar a chave e embarcar no sonho,* descobrindo quais são as travas que o impedem de tomar a decisão de empreender, resolvendo-as e dando início a um processo de encorajamento e engajamento nessa jornada de empreendedor, bem como criando o incentivo e a motivação para entrar de cabeça no seu sonho, capacitando-se para tirar sua ideia do papel e transformar sua vida.

Essas serão algumas das estratégias e competências necessárias para o seu empreendimento sair do papel, mas tudo isso ainda não será suficiente. Existe ainda outro ponto essencial para o qual é preciso atentar: o sucesso não depende de nenhum fator externo. Somos nós mesmos que o construímos.

Talvez você, que está querendo empreender, que está querendo realizar um sonho, não tenha a menor ideia de por onde começar. Mas vou ajudá-lo a ter a visão correta e a entender o que você precisa fazer para colocar em prática o seu empreendimento.

Pode ser também que, depois de tudo o que falei até aqui, ainda permaneçam em sua mente perguntas do tipo: Como tudo isso pode afetar a minha jornada como empreendedor? Em que esses fatores podem interferir no meu plano de empreender? Vou ter mais clientes? Com mais gente voltada a empreender, vou ter mais recursos disponíveis ou somente mais concorrência?

Essas respostas virão à medida que você seguir a leitura deste livro. Aprender a tirar a ideia do papel pode ser o ponto de partida para a transformação do seu negócio e o seguro para criar novos cenários mais promissores, capacitando-o para superar cada novo desafio que aparecer pela frente.

Se você tem a impressão de que pode produzir muito mais, de que está rendendo aquém do seu potencial, de que não está tendo reconhecimento financeiro, profissional ou social, saiba que não está sozinho. Assim como milhares de pessoas se deparam todos os dias com essas dificuldades, eu passei por esse mesmo processo e me reinventei. Agora quero mostrar para você os atalhos para dar a volta por cima dessa situação e viabilizar o seu sonho de empreendedor.

Deixe-me contar uma coisa: hoje sobra dinheiro e faltam bons projetos nos quais esse dinheiro possa ser investido. E é sempre bom lembrar que ser um empreendedor nos dá a oportunidade de crescer pessoal e profissionalmente. Faz com que nos tornemos menos limitados e mais abertos a experimentar, testar, aprender e progredir. Logo, nosso principal ganho pode acabar sendo a criação de um estímulo à longevidade, ao trabalharmos o desenvolvimento e bem-estar mental e resgatarmos a criatividade, a praticidade e a excelência na execução.

Depois de trabalhar com vários mentorados, percebi um padrão: muito provavelmente você já está preparado para o próximo nível, mas ainda não se deu conta disso. Vou ajudá-lo a descobrir que talvez não lhe falte conhecimento ou capacidade de execução, mas o direcionamento necessário para começar a empreender e depois seguir avançando até atingir seus objetivos.

Vamos adentrar o mundo das startups e do empreendedorismo. Mas lembre-se sempre de que o passo mais importante de todos não tem nada a ver com projetos, planos, planejamentos ou outros elementos da técnica de empreender. O primeiro e mais importante passo já está na sua cabeça: é a sua vontade de empreender com sucesso e a sua predisposição para aprender com cada erro ou acerto, pavimentando sua trilha para o sucesso.

Vamos em frente, pois você vai aprender a sair da ideia e seguir até a construção do seu negócio. E, quando formos calcular quanto ele pode valer no mercado, você poderá se assustar com o que está perdendo a cada dia que não avança ao encontro do seu sonho — e vai se arrepender profundamente de não ter começado antes.

1

Da ideia
ao produto

Dê-me um ponto de apoio no espaço e uma alavanca suficientemente longa que moverei o mundo.
ARQUIMEDES

Qual é a maior sacada que alguém deve ter quando quer começar a empreender com sucesso? Vou contar: ao contrário do que a maioria das pessoas diz, as dicas e os segredos dos bilionários de hoje não serão tão úteis para você que está começando agora.

Na verdade, antes você tem que aprender a jogar outro jogo, o da sobrevivência. Precisa ultrapassar o vale da morte para depois alavancar ações que o levem ao sucesso. Depois que conseguir sobreviver, que tiver superado os desafios iniciais, quando já tiver sua startup faturando um ou dois milhões por ano, aí sim pode partir para o próximo jogo.

Você pode, sim, chegar lá no topo, no ponto mais alto do sucesso, mas tem que começar por baixo e escalar sua montanha com garra, técnica e determinação. Mas não basta simplesmente começar pelo começo. É preciso iniciar da maneira certa. E, para isso, neste livro vamos focar exatamente esta questão: Como empreender do zero e construir uma base sólida em poucos meses?

É importante compreender que é muito fácil errar quando a gente pensa que já sabe o que fazer. Comecei a minha jornada de empreendedor depois de ter sido consultor de várias empresas internacionais; participei de projetos que resultaram em transformações bilionárias, que criaram novos negócios, novas estruturas, fusões e aquisições inimagináveis. E, quando comecei a empreender, caí em uma armadilha: investi com muita vontade no meu projeto, porém com o viés daquele consultor que tinha transformado grandes corporações. Foi quando quebrei a cara. Fracassei porque a abordagem que eu trouxe como consultor das megaempresas não se aplica a quem está criando uma startup do zero.

Imagine, por exemplo, que você quer correr uma maratona. Então monta um planejamento e cria uma planilha para vencer as etapas que o impedem de continuar a correr a maratona. Essa planilha tem uma carga de treino que orienta coisas do tipo: "Olha, você vai correr tantos quilômetros por dia, vai treinar musculação sete dias por semana, vai fazer isso, vai fazer aquilo...". Tudo parece muito bem nesse planejamento. Mas de que adiantará tudo isso se você ainda não souber andar? A planilha não vai servir para nada.

Neste livro, vamos começar com o básico: o engatinhar, o andar, o firmar o passo, para só depois iniciar a corrida. A estratégia discutida aqui foi construída com base no conceito de lean startup,[4] que envolve um trabalho de identificação e eliminação de desperdícios nos processos, dentro de um conceito adaptado que serve para qualquer tipo de empresa, seja ela digital ou não. A essência do que vamos trabalhar são as ideias de como crescer rapidamente e acelerar cada uma das etapas do processo empreendedor, gastando o mínimo de recursos possível.

Inspirado nos dizeres do filósofo grego Arquimedes, o método "Alavanca para Mover o Mundo" aborda a estratégia que vamos seguir e aplicar no processo de construção do seu empreendimento, que se baseia em três fases:

1. Encontrar o seu ponto de apoio no espaço — definir "como fazer" e com quais recursos;
2. Construir a alavanca do seu negócio — passar para a ação, os testes e a definição do produto;
3. Buscar a força para escalar e mover o mundo — definir como você irá comercializar o produto.

De uma forma prática, podemos tomar como ilustração o exercício de fazer um bolo para vender:

---

4 RIES, E. *A startup enxuta*: Como usar a inovação contínua para criar negócios radicalmente bem-sucedidos. Rio de Janeiro: Sextante, 2019.

- Primeiro, começamos escolhendo a receita do bolo e comprando os ingredientes relacionados. Esse será o "ponto de apoio no espaço", essa é a essência da ideia;
- Depois partimos para a fase de construção da "alavanca", que é assar o bolo, experimentá-lo, testar como recheá-lo ou confeitá-lo;
- Por fim, definimos a nossa "força motriz", buscando a melhor forma de escalar a venda e a abrangência desse produto.

SEU PONTO DE APOIO NO ESPAÇO

A primeira fase da sua startup é a definição do modelo conceitual: vamos partir da ideia para o seu negócio e construir o arcabouço para sustentá-la. Para encontrar o seu ponto no espaço do empreendedorismo é preciso focar e depurar uma grande ideia, até chegar à sua essência. Construir um protótipo do produto, sob a ótica das necessidades do cliente.

Ponto de partida: a ideia

O ponto principal para iniciar qualquer empreendimento é selecionar uma ideia, definir os elementos que a envolvem e delinear o propósito do que será construído a partir dela. É a paleta de cores da nossa aquarela.

Curadoria da ideia

Antes de iniciar uma longa caminhada, por que não esvaziar um pouco o peso da nossa bagagem? É preciso descobrir o DNA do seu negócio, a parte mais importante e que o cliente percebe como valor; aquilo que conseguimos entregar de forma única, exclusiva.

Uma vez descoberta a exclusividade do seu empreendimento, isso vai nos permitir crescer de maneira rápida e evoluir exatamente no que temos como diferencial competitivo. Para tanto, será necessário inserir esse elemento na jornada do cliente.

Jornada do cliente

Na sequência dos procedimentos, passamos para o segundo componente da fase, que é potencializar a experiência do cliente. É preciso entender quais são as dores dele, o que ele busca, e, a partir daí, perceber como o seu produto conversa com as dificuldades e os anseios desse consumidor; sobretudo, queremos entender como a parte essencial do seu produto pode trazer soluções de valor para a clientela. Dessa maneira, podemos nos concentrar em inserir esse produto, ou esse serviço, na jornada do cliente, de forma que isso gere um diferencial real e desejável.

Checklist do produto

O checklist nos orienta na maneira de efetivamente agregar valor para o cliente. Num primeiro momento, talvez não tenhamos ainda que construir algo definitivo, complexo ou que alcance todos os aspectos possíveis de solução para o consumidor. O que temos em mente, nessa etapa, é um produto que tenha valor real para o cliente, porém que seja simples e objetivo, de modo que seja possível testar a sua ideia.

Por exemplo, se estou planejando criar uma receita de moqueca capixaba para distribuir e escalar de forma industrial para várias capitais do país, não vou começar montando a fábrica, a linha de produção, a cozinha industrial ou uma estrutura que vai fabricar, empacotar, congelar e distribuir esse produto. Primeiro vou produzir um protótipo desse produto (essa refeição) como um jantar ou um almoço na casa de algumas pessoas, a fim de testar se elas o aprovam. Ou seja, inicialmente, farei de forma artesanal.

Essa operação, o fazer de forma artesanal, vai permitir a você entender como criar, proceder e testar sua ideia, mesmo que não seja definitivamente. E isso é fundamental para estruturar todo o empreendimento que você pretende lançar.

A ALAVANCA PARA O SEU NEGÓCIO

A segunda fase da sua startup é a validação: vamos colocar de pé os principais componentes que servirão de alavanca para o seu negócio. Esta fase contempla a definição do mercado, do produto, do canal, da equipe e do modelo de negócio.

Mercado, produto e canal

Para dar sequência à construção do seu empreendimento, o passo seguinte é fazer a validação do mercado em que se vai atuar, do produto a apresentar e dos canais de venda e de distribuição pelos quais seu produto vai chegar ao cliente. O que significa isso? Basicamente:

- Definir se alguém compraria o seu produto, se alguém pagaria por sua ideia, por seu negócio.
- Definir o nível de satisfação do cliente. Uma vez que ele comprou o produto, precisamos saber se está gostando do que comprou e se o produto está agregando valor aos negócios dele. Precisamos saber exatamente, na visão do cliente, como está o seu produto.
- Definir a melhor forma de vender e distribuir esse produto. Uma vez que tenhamos definido que o produto é atrativo para o mercado e que gera valor para o cliente, precisamos decidir se o melhor canal seria o marketing digital, as franquias, a venda boca a boca ou outro meio que facilite a chegada do produto às mãos dos interessados.

Esses são os três testes fundamentais para termos certeza de que o produto está funcionando como deveria, sendo atrativo e viável para ser comercializado.

Papel da equipe

A equipe por trás de uma startup é fundamental. A composição e a formação da equipe são elementos que podem definir a confiança que o empreendimento desperta em clientes e investidores e são determinantes para o sucesso ou o fracasso de uma boa ideia.

O melhor caminho é criar uma equipe multidisciplinar que conheça e alcance as várias dimensões do empreendimento. O perfil de alguém de operação de tecnologia é diferente do perfil de alguém das vendas, e muitas vezes é bastante diferente de alguém que está na inovação, na aprovação, na geração de conteúdo, enfim.

O importante é ter o cuidado de montar uma equipe que se complemente nas várias frentes do empreendimento, a fim de dar resiliência ao negócio. Desse modo, teremos pessoas que executam, outras que planejam, as que analisam propostas e resultados, além das especializadas em comunicação. Como resultado, vamos capturar a inteligência coletiva, colocando-a a serviço da nossa proposta de negócio.

Quanto vale o negócio

A última etapa da fase de validação da startup é o processo de estimar quanto vale o seu negócio. Pode até parecer algo irrelevante neste momento do projeto, mas essa estimativa de valor é fundamental:

- O valor do negócio nos dá resposta para uma questão primordial, mostrando se vale a pena continuar avançando na direção do nosso sonho.
- O valor do negócio nos dá senso de urgência, ao responder quanto perdemos a cada dia em que não avançamos na direção de realizar o empreendimento.

Em síntese, o valor do negócio nos ajuda a ter essa percepção financeira quantitativa do nosso negócio. A importância disso é que, quando sabemos quanto ele vale, passamos a ter uma boa perspectiva de quanto precisaremos e deveremos investir para chegar ao patamar desejado.

A FORÇA MOTRIZ

A terceira fase é também conhecida como fase de tração, de crescimento, quando vamos começar a investir no negócio para aumentar o número de clientes, para incrementar as vendas e para buscar investidores em potencial.

Visão 360

É preciso montar o plano de negócio e estruturar os principais requisitos necessários, definindo em quais pontos ele vai crescer, o que vai crescer, do que vai precisar, quais são os recursos de tecnologia necessários, qual é a estratégia de vendas, além de outros detalhes. Vamos precisar ter uma visão 360, ou seja, devemos avaliar o nosso empreendimento por todos os ângulos. Somente com uma visão assim podemos olhar para a frente e definir um plano de implementação do nosso negócio.

A mente do investidor

O segundo elemento desta fase é especialmente interessante: entender um pouco mais das características dos investidores de startup. É preciso saber como pensam as pessoas que potencialmente investiriam no nosso negócio. Com o que elas se preocupam? O que é relevante para elas?

A partir do momento em que temos essa percepção do investidor, começamos a perceber alguns pontos cegos no nosso negócio, o que nos permite fazer determinadas correções no projeto empreendedor.

Ponto de chegada: o produto

Depois de partir da ideia inicial e trilhar o percurso introdutório da nossa jornada de empreendedor, após aplicar a estratégia discutida nos trechos anteriores, finalmente transformamos a ideia inicial em um produto final.

Realizando rápidas validações, conseguimos comprovar quais elementos da nossa ideia funcionam e fazem sentido no mercado. Agilizamos a construção da base do produto. Descobrimos e ajustamos o produto dentro da essência de que queremos entregar valor para o cliente.

Resolvidos todos os ajustes, podemos empacotar esse produto e transformá-lo em algo que poderá ser vendido para as empresas.

UM EXEMPLO REAL

Na época em que montei minha primeira startup, desenvolvi um projeto interessante: uma transformação na área de compliance,[5] para proporcionar segurança e minimizar riscos de instituições e empresas na indústria financeira. Eu e minha equipe investimos meses e meses para montar uma base na qual se pudesse fazer uma pesquisa e, em cima dessa pesquisa, achar os normativos que se aplicavam a cada caso.

Investimos forte em tecnologia, focamos algoritmos sofisticados de pesquisa e busca de dados, mas não fomos falar com o cliente. Não validamos o produto, não o testamos, como seria necessário. Ficamos

---

5 Compliance: pode ser entendida como estar em conformidade com leis e padrões éticos, além de regulamentos internos e externos do seu negócio ou empresa. Sua função é guiar o comportamento das empresas, de modo a minimizar riscos.

focados no plano traçado originalmente, com base apenas na nossa experiência. Meses depois, após bastante investimento, fomos conversar com o cliente. E foi nesse momento que descobrimos que não era isso o que ele queria.

É claro que foi algo de grande impacto para nós. Um balde de água fria, que nos chocou, mas que, felizmente, não nos abateu. Rapidamente, durante o processo de aceleração, refizemos o produto todo, agora da forma correta.

A cada semana fazíamos pequenas alterações, e então as testávamos com o cliente. Depois voltávamos o produto para a área de desenvolvimento, chamando o consumidor para discutir e apontar o que estava funcionando e o que não estava. Fomos interagindo até o momento em que o produto ficou com a cara do cliente.

O interessante é que, nessa segunda rodada, notamos que gastamos muito menos tempo e recursos do que havíamos gastado na rodada anterior. Foi mais rápido e avançamos mais, com agilidade e num passo certeiro.

Essa tem que ser a estratégia de quem está montando sua startup. Para empreender rapidamente é preciso focar a experiência do cliente, a percepção de valor desse cliente, e ficar atento para aprender com os próprios erros e refazer com agilidade o que precisar ser ajustado, a fim de incorporar valor ao produto que está sendo exposto.

Costumo dizer que agilidade é tudo nesse processo de empreender. Digo que "errar rápido" é quase tão importante quanto acertar, porque, à medida que erramos e percebemos isso, criamos condições de corrigir imediatamente o que for necessário e, dessa maneira, seguir evoluindo, crescendo rumo aos resultados que valem a pena buscar. É dessa maneira que vamos transformando nosso produto em algo realmente diferenciado.

PRÓXIMA PARADA: ESTAÇÃO IDEIA

Essa é a essência do que vamos trabalhar neste livro. Parece simples? Como diz o ditado, "O diabo está nos detalhes". Convido você a acompanhar os tópicos apresentados e estruturar uma estratégia que vai tornar mais racional e objetivo qualquer empreendimento que se propuser a realizar.

FASE 1

Encontrar o seu ponto de apoio no espaço

2

Curadoria da ideia

Você consegue identificar o DNA do seu negócio?

Muita gente me procura com projetos mirabolantes, recheados de boas ideias, porém camufladas no meio de muita coisa que é "mais do mesmo". O que me chama a atenção é a grandiosidade exagerada dessas iniciativas. Confesso que comigo não foi diferente. Outro dia resgatei o plano inicial da minha primeira startup, o LegalBot, e percebi que, mesmo atualmente, já com um faturamento de milhões, a tal empresa ainda não conta com a metade das funcionalidades que eu desenhara na época.

O problema não está em sonhar grande, mas em diluir a força e o poder de uma bela ideia em tantos detalhes desnecessários. Quantos negócios promissores se depararam com o fracasso pelo mero fato de terem se tornado complexos demais, principalmente no início? Quem em sã consciência iniciaria uma maratona com uma mochila de trinta quilos nas costas? Esse peso desnecessário iria minar as suas energias, consumir os seus preciosos recursos e lhe roubar boa parte do tempo que lhe é escasso.

Essa etapa determina o tamanho do seu investimento, a velocidade da evolução e as chances de sucesso. O curioso é que bastam três simples passos para encontrar a essência da sua ideia e a partir daí se concentrar somente nela, potencializando seus resultados. Mas o fato é que, normalmente, não estamos prontos para proceder. Para isso, precisamos antes praticar o desapego.

Comecei a construir este método com base na experiência das demandas que foram aparecendo no meu dia a dia de trabalho. Essa sequência de etapas não foi algo planejado; pelo contrário, foi sendo elaborada e lapidada ao longo de 25 anos de experiência em consultoria. Com o tempo, grandes sacadas, que antes pareciam fruto da intuição, passaram a fazer sentido lógico.

É muito comum que as pessoas procurem minha mentoria, perguntando sobre suas ideias de negócios, dizendo, "Olha, eu quero colocar este projeto em prática... Como resolvo isso?". Conversando com esses empreendedores repletos de sonhos, pude perceber uma similaridade nos anseios das pessoas e um consequente padrão na proposição de soluções. E foi em cima desse padrão que comecei a esboçar e definir um método que permite ajudá-las a extrair a essência de suas ideias de negócios.

Muitas vezes a pessoa vislumbra algo grandioso que parece ser uma ideia incrível e que vai dar muito certo, até que a realidade bate: o problema das grandes soluções com alta complexidade é que elas têm muitos detalhes. Logo, o esforço para realizá-las tem que ser enorme, despendendo muita energia, gastando tempo desnecessário e exigindo o investimento de um capital que não se tem disponível. Várias startups quebram no meio do caminho porque desperdiçam recursos em coisas que não fazem sentido, porque focam aspectos menos relevantes e, assim, reduzem suas chances de ter sucesso. Minha orientação, neste ponto, costuma ser: partindo do princípio de que esse primeiro produto provavelmente terá de ser refeito, que tal economizar tempo, dinheiro e esforço? Afinal, se vamos mesmo errar, é melhor errar rápido e focar a correção do que for necessário.

Perceba que o ponto principal é procurar identificar o diferencial da sua ideia, enxugá-la até extrair a sua essência e, a partir daí, concentrar-se em investir esforços exatamente no aspecto que traz mais impacto.

A partir do momento de captura do diferencial da sua ideia, é possível executar mais rapidamente a próxima etapa, que é testar se ela faz sentido para o cliente. Desse modo buscamos validar tudo, procurando entender se de fato o que propomos agrega um valor substancial ao produto, serviço ou negócio.

Ao ganhar agilidade para realizar pequenas validações, conseguimos ligeiramente comprovar quais elementos de sua ideia funcionam e fazem sentido no mercado. Em outras palavras, aceleramos a construção da base do seu produto. E isso faz toda a diferença.

A ESSÊNCIA PODE ESTAR NO QUE VOCÊ MENOS ESPERA

Ao investirmos muito esforço e dedicação em uma iniciativa, acabamos relutando em deixá-la de lado, mesmo tendo indícios de que o projeto ficou inviável. Nesse momento costuma aflorar um sentimento de incerteza, questionando o desperdício de abrir mão, mesmo que provisoriamente, de tantas oportunidades sensacionais. Esse sentimento é inerente ao comportamento humano e tem um nome: "custo afundado".

Desapego! Vou insistir nesse conceito, pois ele é fundamental para determinar a essência das suas ideias. Os melhores operadores de Bolsa de Valores e os jogadores de pôquer mais bem-sucedidos se destacam não por saberem qual ação comprar ou quando fazer uma aposta, mas por saberem o momento certo de sair, de abandonar o jogo ou de vender determinada ação. E aqui não deveria ser diferente: vou pedir para você colocar todas as suas ideias de lado e ficar com apenas uma em foco.

Não se preocupe se porventura escolher a ideia errada. O mercado e o seu cliente vão confirmar no que você deve investir seus esforços. Se estiver no caminho errado, isso vai ficar claro rapidamente e você poderá corrigir o rumo. É muito melhor avançar rápido, errar rápido e corrigir a rota.

Não se sinta sozinho nessa jornada. Fundadores de startups bilionárias passaram e passam constantemente pelo mesmo dilema. Por exemplo, o aplicativo Waze, que usamos para navegar no trânsito, inicialmente foi feito para criar um mapa rodoviário. Tudo começou com um conceito de comunidade de usuários, que tinham incentivo para usar o programa, informando sobre acidentes, radar ou algo do gênero no trajeto. O senso de colaboração era tanto que, quando o usuário passava por algum percurso que não tivesse um mapa pronto no Waze, ele podia entrar no aplicativo e desenhar as ruas. Inclusive, o projeto visava construir, de forma colaborativa, um mapa, para depois poder vendê-lo — naquela época as pessoas ainda adquiriam mapas para GPS.

O que aconteceu? O Google lançou o Google Maps de graça. Isso acabou com o projeto do Waze, que teve de repensar o que entregaria para o usuário. Foi nesse momento que eles perceberam o quanto eram bons em prover uma excelente experiência do usuário. Sem dúvida, se eles podiam convencer seus clientes a colaborar na revisão do mapa deles, poderiam também criar uma nova forma de se relacionar, agregar valor, montar uma rede de contatos e desenvolver um ambiente com diversas outras funcionalidades e finalidades. Eles alavancaram essa experiência e foi a partir daí que surgiu o modelo que se vê hoje, que é uma ferramenta de navegação. Deu tão certo que, dois anos depois, o próprio Google comprou o Waze por 1,1 bilhão de dólares.

O foco deste exemplo é o fato de que foi necessária uma disrupção no mercado para o Waze descobrir que a essência do negócio estava na experiência que ele poderia entregar para o usuário. Não se tratava simplesmente de um mapa ou de um sistema de navegação, e sim da forma como a empresa cativa os usuários que utilizam o serviço.

ÀS VEZES A ESSÊNCIA NEM EXISTE

Uma vez me perguntaram: "Mas não há o risco de ir depurando as ideias e, no final, não sobrar nada?". Com um sorriso no rosto, respondi que esse seria o melhor dos cenários. Imagine investir meses ou anos em uma startup para só depois descobrir que ela não tem apelo de mercado?

Vou dar um exemplo de como isso pode acontecer. Um amigo me procurou para investir no seu novo projeto para irrigar fazendas. Ele instalava o circuito, que continha um chip wi-fi alimentado por energia solar e ligado a um sensor de umidade. Quando o solo estava mais seco, o sistema enviava, por wi-fi, um sinal para o receptor eletrônico, que disparava o comando para ligar o motor da bomba de irrigação. Parecia uma boa ideia, até que descobrimos que na China já existia um equipamento que fazia a mesma coisa, e por um preço ínfimo. Estava aí a questão fundamental: por que alguém desenvolveria o projeto de um circuito elétrico, importaria material para implementar o projeto, manufaturaria e distribuiria os equipamentos se era possível comprar tudo pronto, e ainda por um preço menor?

Este é o segredo: você precisa montar seu serviço ou produto focado em algo único. Precisa ir testando o negócio e descobrir em que ele tem um diferencial, em que agrega valor, se existe ou não produto similar, e assim por diante. Essa fase é primordial para garantir que você não esteja entrando em uma canoa furada.

Ao fazermos essa checagem de consistência, proporcionamos seletividade ao processo e descartamos aquilo que não é promissor. Antecipamos o desenrolar das conclusões e nos forçamos a nos reinventar sempre que o processo assim o exigir. No mundo das startups, isso se chama "pivotar", mudar de rumo, ajustar para a direção certa.

A FORÇA DE UMA BOA IDEIA

Peter Drucker, o pai da administração moderna, disse: "Não há nada tão inútil quanto fazer com grande eficiência algo que não deveria ser feito". Isso reforça a importância de mantermos o enfoque na essência da nossa ideia, naquilo que realmente devemos fazer, para evitar o erro de tentar fazer tudo, ou de acabar fazendo o que não é preciso, ou mesmo o que não seria recomendável em determinado momento. Quando se tem uma ideia, é preciso analisá-la por completo para extrair sua parte mais valiosa e verificar se ela realmente está ligada a algo que precisa mesmo ser feito.

Certa vez, uma empreendedora me convidou para investir no sistema jurídico que ela tinha concebido. Ela foi descrevendo as inúmeras funções que o sistema iria desempenhar: a pessoa se cadastra, faz a petição, consulta uma base de processos, acessa o status no tribunal... E foi detalhando todas as funcionalidades. Depois de ouvi-la, perguntei: "Tudo bem, está bom. Mas o que tem de diferente nesse processo? O que tem de especial nessa sua ideia?".

Ela me respondeu: "Aqui temos toda uma forma de apuração dos honorários profissionais envolvidos, do tempo dedicado a cada atividade, da cobrança pela dedicação de cada profissional e muito mais. A dificuldade de fazer esses cálculos era uma das maiores dores nos escritórios, porque os sistemas disponíveis no mercado não fazem isso".

Orientei-a da seguinte forma: "Vamos partir para a questão da simplicidade. Como você está me dizendo que a diferenciação do seu produto é esse módulo que faz a apuração de honorários, por que não ir direto ao ponto em vez de criar toda essa parte grandiosa do sistema? Vamos procurar alguém que já tenha o sistema jurídico funcionando e vamos construir esse módulo de apuração de honorários em cima do sistema da pessoa. Dessa forma não vamos precisar montar uma rotina extremamente complexa, nem contratar programadores, nem incorrer em tantas despesas extras ou gastar tempo demais".

Dentro dessa estratégia, podemos selecionar alguns casos de estudo, baixar as bases de dados, gerar os relatórios manualmente e validá-los com o usuário. Basta isso para avaliar se o produto realmente tem espaço no mercado e se ele se destaca nesse meio.

Se o produto não atender plenamente às necessidades do cliente, se faltar uma coisa ou outra, se estiver focando pontos errados ou se precisar realçar determinadas funções e apresentações, fazemos rapidamente as mudanças necessárias e continuamos entregando esse serviço. Desse modo, descobrimos e ajustamos o produto dentro da essência do que queremos entregar de valor para o cliente. Nos especializamos e resolvemos esse problema especificamente. Quando tivermos concluído todos os ajustes, empacotamos esse produto e o transformamos em uma rotina que já poderá ser vendida para as empresas. Passaremos a oferecer o módulo para todas as companhias que têm um sistema de gestão jurídica, como uma funcionalidade adicional ao que elas já têm.

O ponto crucial a perceber aqui é que a empreendedora queria contratar uma consultoria de Tecnologia da Informação (TI) para fazer o sistema completo da startup, orçado em cerca de R$ 100 mil. O preço até que estava em linha com o praticado no mercado, mas o problema é que a primeira versão raramente vai entregar o valor que o cliente espera.

Fazer um sistema do zero, sendo que várias empresas têm algo pronto e que já usam, seria o mesmo que tentar reinventar a roda. E, nesse empenho, nós provavelmente gastaríamos 90% do esforço criando algo que já existe, para somente depois complementar com "a cereja em cima do bolo". Naquele momento, a empreendedora que me consultou percebeu que era apenas a parte específica que fazia a apuração de honorários que gerava valor para o produto. Foi questão de encontrar o foco certo; assim, ela pôde usar toda a sua energia no ponto especificamente inédito.

Cada "não" se traduz em um passo na direção do nosso objetivo principal. A cada distração que evitamos, economizamos no esforço de execução, ganhamos tempo e simplificamos a jornada. Um projeto mais barato, com etapas mais enxutas e agilidade nas entregas, potencializa as chances de sucesso.

Enfatize aquilo que vai agregar valor ao seu produto. O foco na essência faz aflorar a força de uma boa ideia. Foque, monte, vá até o final e gere resultados. Somente depois de concluir essa etapa é que você pode pensar em testar novas possibilidades.

CURADORIA DE IDEIAS

Como depurar uma ideia? Na prática, o que fazer para pegar a ideia inicial de um negócio e reduzi-la à sua essência? Como fazer para avaliá-la com precisão e descobrir se ela é mesmo viável e se convém investir tempo, energia e dinheiro nela?

O método de "Curadoria de ideias" baseia-se em um processo de análise em três passos, conforme descrevo a seguir.

PASSO 1: ENTENDER O DIFERENCIAL DA IDEIA OU PRODUTO	PASSO 2: IDENTIFICAR O TIPO DE INOVAÇÃO	PASSO 3: TESTAR O QUANTO A IDEIA AGREGA DE VALOR
• Engenhosidade	• Inovação pura	• Avaliar o mercado
• Personalização	• Inovação em servir	• Avaliar o produto
• Experiência diferenciada	• Inovação em custo	
• Satisfação e Encantamento	• Inovação no posicionamento	
• Memorabilidade	• Inovação combinada	

Passo 1: Entender o diferencial da sua ideia ou do seu produto
Qual é o diferencial da sua ideia ou do seu produto? O que esse produto tem de especial? O que essa startup tem que as outras empresas não têm? É nesse diferencial que reside a essência de todo o seu negócio. Podemos elencar uma série de diferenciais:

- **Engenhosidade**
  Entregar um produto ou serviço prático, útil e funcional.
- **Personalização**
  Proporcionar identificação e alinhamento, enfatizando os aspectos que o cliente valoriza mais.

- **Experiência diferenciada**
  Entregar a jornada completa, construída com base na potencializa-ção da experiência do cliente.
- **Satisfação e encantamento**
  Não apenas entregar o que foi prometido como também instigar momentos memoráveis.
- **Memorabilidade**
  Construir gatilhos de encantamento, acionados por experiências correlatas.

Passo 2: Identificar o tipo de inovação proposta

O passo seguinte da análise consiste em categorizar o diferencial da sua ideia ou do seu produto. A inovação pode se manifestar em diversos aspectos, como:
- **Inovação pura**
  É uma solução nova que ninguém tem. É um produto único no mundo.
- **Inovação em servir**
  Pode ser algo que todo mundo tem e já conhece, mas a forma como você entrega é muito mais eficiente.
- **Inovação em custo**
  Pode ser algo que traz produtividade, por meio do qual se tenha um ganho no custo de produção. Desse modo, existe um valor agregado por conta da produtividade, e não pela inovação em si.
- **Inovação no posicionamento**
  Quando determinado segmento está precisando de algo que não existe ainda no mercado. A partir do momento em que se propõe a suprir essa necessidade, você se posiciona, aproveita o espaço não ocupado e passa a liderar o mercado.
- **Inovação combinada**
  Combinação de vários fatores: quando você une dois ou mais fatores, o resultado se torna maior do que a soma dos fatores isolados.

Perceba que cada uma dessas modalidades de inovação exige competências diferentes e muda o enfoque que damos à nossa proposta: criação, atendimento, produção, divulgação ou uma combinação de todos esses.

É importante compreender que uma ideia pode se referir a qualquer assunto, produto ou serviço, mesmo a algo já existente. Não precisa necessariamente trazer uma inovação completa. Quando falamos aqui de *construir um negócio novo*, a essência da ideia que buscamos, nesse contexto, presume trazer algo inovador. Não precisa ser uma inovação pura; pode ser uma melhora em algum aspecto, em alguma dimensão do que já existe, sendo também considerada uma inovação.

Ao entender o tipo de diferencial e o tipo de inovação que estamos propondo, começamos a depurar a ideia e a explicitar a natureza do que estamos oferecendo. Agora só falta testar.

Passo 3: Testar o quanto a sua ideia agrega de valor

Quando você testa as hipóteses que levantou com sua ideia, percebe se ela tem valor ou não. Existem dois pontos principais que podem ser analisados e que mostram com clareza se a sua ideia tem valor:

1. Verificar se as pessoas estão dispostas a pagar por sua ideia, seu produto ou serviço.
2. Observar o quanto as pessoas usam e aprovam o seu produto.

Após executar esses três passos, você vai chegar à essência da sua ideia. Como pode ver, este é um método que tem como propósito encontrar o diferencial do que você propõe. Queremos definir de que tipo é esse diferencial, descobrir se a sua ideia tem valor e, só depois, partir para a construção de um plano para testar suas hipóteses — porque, no fundo, até que você teste suas ideias, elas são apenas hipóteses. Somente com a validação da ideia, do produto ou do serviço é que realmente o seu negócio começa a tomar forma.

Até aqui nossa discussão orbitou o lado conceitual, dando-nos a compreensão para avançar. Mas você deve estar se perguntando: Como isso funciona na prática?

Nada como um bom exemplo. No tópico a seguir, *O Quadrante das Ideias*, vamos nos aprofundar um pouco mais nesses conceitos e nesse processo, para depois fechar com um exemplo prático.

O QUADRANTE DAS IDEIAS

"Eu apenas tirei da pedra de mármore tudo o que não era o Davi!" — essa é uma frase atribuída a Michelangelo, ao ser indagado por Leonardo da Vinci sobre a técnica utilizada para esculpir com perfeição o monumento de Davi.

Sintetizar suas ideias é principalmente uma questão de técnica. Para conseguir esse objetivo, você vai precisar executar uma série de atividades até conseguir decantar seus pensamentos, para buscar de fato a sua essência, para separar os pensamentos úteis daqueles que não têm valor no momento. É um processo de remover o mármore que esconde a sua obra-prima.

Expandir e recuar

O aço temperado é caracterizado por suas propriedades de resistência e dureza. A diferença entre ele e o aço comum não está na composição química, mas na "têmpera", um tratamento de aquecimento extremo com alternâncias de resfriamento rápido e demorado. Com sua ideia é preciso fazer algo similar, exercitando o "expandir e recuar".

Parta da inspiração, de uma visão daquilo que quer fazer, daquilo que é sua ambição. Em seguida vá expandindo, levantando novas ideias e pontos correlatos sem se preocupar inicialmente com a viabilidade, ou mesmo com a coerência entre eles e o que você deseja. Leve a expansão da ideia até o limite do possível, ou, quem sabe, até um pouco além disso.

Nesse ponto você vai perceber que talvez as abordagens que imagina e as possibilidades que enxerga sejam muitas ou até conflitantes ou complexas. Algumas vezes pode não parecer possível chegar ao final com o processo todo, mas ainda assim será possível visualizar o que e como se pretende realizar. Está na hora de recuar!

Um projeto grandioso pode até aparentar ser impossível de realizar, mas sempre poderá ser desdobrado em pequenas partes, cada uma delas plausível e viável. Em tese, ao produzirmos cada uma dessas partes ou componentes, chegaríamos de volta ao todo.

Para cada um desses componentes você pode delinear possibilidades e caminhos, alguns parecendo mais viáveis do que outros. Esse desdobramento em pequenas partes, ou várias etapas, proporciona simplificação. Ao reduzir o projeto em componentes menores, você percebe que todo o processo passa a ser possível e, dessa forma, avança na construção do seu objetivo.

Ao exercitar essa síntese de ideias, você poderá perceber mais claramente aquilo que é essencial, que é verdadeiramente importante, e poderá avançar nessa direção.

Eu diria que esse processo de expandir e recuar reflete um pouco do modo como você consegue enxergar a essência do caos de pensamentos e possibilidades que podem estar em sua mente — um caos muito importante, porque sem ele você não sairia do lugar-comum.

Cada um desses componentes pode ser classificado considerando:

- quanto o cliente percebe de valor em cada um;
- quais são únicos e quais são mais comuns de encontrar.

A ESSÊNCIA DA IDEIA

	2 COMPLEMENTARIDADE	1 ESSÊNCIA DA IDEIA
	16% Funcionalidade complementares	4% Alto valor agregado
Valor percebido pelo cliente	4 COMMODITIES	3 NÃO ESCALÁVEL
	64% Perda de tempo e dinheiro	16% Personalização desnecessária

Grau de inovação de cada componente

Podemos avaliar os componentes de acordo com seu posicionamento nos quadrantes, do 4 ao 1:

- **Baixo grau de inovação com baixo valor percebido: Commodities**
  Componentes relacionados a atividades corriqueiras e com ampla oferta no mercado, algumas vezes até mesmo importantes, mas que não proporcionam diferenciação nenhuma. Investir nesses componentes, sobretudo no início do projeto, seria um desperdício de tempo e dinheiro.

- **Elevado grau de inovação, mas baixo valor percebido: Não Escalável**
  Componentes que dão um toque especial ao projeto, personificam e diferenciam a oferta; porém, o cliente não percebe o valor. Investir nesses componentes traria uma complexidade desnecessária, atrasando o crescimento e reduzindo a escalabilidade do negócio.
- **Baixo grau de inovação, mas elevado valor percebido: Complementaridade**
  Componentes importantes, valorizados pelo cliente, que trazem funcionalidades complementares, porém não prioritárias, pois podem ser obtidas de outras formas ou terceirizadas. É importante planejar-se para investir nesses componentes em uma próxima fase do projeto.
- **Elevado grau de inovação e elevado valor percebido: Essência da ideia**
  Esse é o componente a ser desenvolvido.

Exemplo: Cervejaria Trinkentrain

Vamos ilustrar nosso argumento com o estudo de caso do mundo tradicional, a Cervejaria Trinkentrain. O objetivo é, com base na descrição do projeto, descobrir a essência da ideia.

Erick decidiu transformar seu hobby em um negócio: criar uma cervejaria artesanal. A produção seria baseada na fórmula especial, passada entre gerações de mestres cervejeiros. Essa fórmula ganhou vários prêmios na época do seu bisavô. Para valorizar a marca, criariam rótulos temáticos para cada mês do ano e região do país. Adicionalmente, para complementar a oferta de produtos, haveria uma seleção dos quinze sabores de cerveja mais apreciados pelos brasileiros, fruto de uma pesquisa feita por Erick ao longo dos três anos anteriores. E finalmente poderia ser dado um toque de modernidade, logística própria, um moderno aplicativo de smartphone e um sistema integrado.

Analisemos por partes.

Primeiro, teríamos que providenciar logística, sistemas, contabilidade e finanças — atividades importantes, mas que poderiam ser terceirizadas a princípio. Esses são os componentes "commodities".

Na sequência, os rótulos temáticos. É difícil dizer a princípio quanto valor isso agrega, mas garanto que traz muita complexidade — imagine, por exemplo, que virou o mês ou alguém errou uma previsão e faltam ou sobram engradados de cerveja com o rótulo temático do mês anterior ou da outra região. Esses são os freios "não escaláveis".

Depois vem uma discussão interessante: a seleção com os quinze sabores mais apreciados com certeza é algo importante e bem-visto pelo cliente, mas não reflete a essência da ideia. Uma cervejaria que oferecesse esses rótulos faria até sucesso, mas não se diferenciaria das demais cervejarias artesanais. Esses são os componentes de "complementaridade", nos quais devemos investir somente em uma próxima fase do projeto.

Nos restou a fórmula especial, que ganhou vários prêmios. Essa é a "essência da ideia".

A SUA IDEIA TEM FUTURO?

Cabe ainda uma reflexão: deve-se avaliar se o mercado, no segmento do seu negócio, é promissor. Quais são as projeções de crescimento? Os fundos de Venture Capital[6] (investimento de risco) estão apostando no setor? Como as inovações e tendências digitais podem afetar o seu negócio no futuro?

Se o intuito for simplesmente ter um negócio para prover sustento financeiro e exercer o seu potencial criativo, tudo bem; nesse caso, esta reflexão perde um pouco a relevância. Contudo, muita gente está entrando no jogo do *equity* — construir uma startup para ser vendida mais à frente. Nesse caso, escolher bem a área de atuação fará todo o sentido.

---

6 Venture Capital é uma modalidade de investimento de risco focada em empresas de pequeno e médio porte que têm alto potencial de crescimento, mas ainda são muito novas e contam com pouco faturamento.

A melhor forma de descobrir mais a esse respeito é procurar entender sobre as teses de investimento de bancos, fundos e investidores de Venture Capital. Pesquise sobre isso, fique atento às empresas que vêm sendo compradas, aos IPOS[7] e às startups que estão se tornando empresas de um bilhão de dólares, as tão sonhadas "Unicórnios". Se conseguir montar o seu negócio em uma dessas áreas, será muito melhor. Afinal, dizem que no longo prazo uma empresa só tem três caminhos possíveis: quebrar, ser herdada ou ser vendida. Por que não aumentar as chances desta última possibilidade?

A partir dessa visão é possível perceber o quanto é importante considerar que, além de ser fundamental ter uma boa ideia — pois com ela você já tem os fundamentos para construir o seu negócio milionário —, é preciso levar em consideração alguns outros pontos.

Por exemplo, se você busca empreender e exercer o seu potencial para gerar valor financeiro e recursos para si próprio e para seus herdeiros, é preciso focar a ideia com a qual você tem mais afinidade, da qual gosta mais, que conversa com a sua alma. Isso vai ser a base de sua dedicação àquilo que vai empreender, e vai lhe proporcionar mais prazer e empenho no processo.

Se você pretende ir além disso e criar algo muito maior, algo que realmente impacte o mundo, então tem um dever de casa que deve fazer logo de início: é necessário refletir sobre o fato de que existem ideias extraordinárias que, quando aplicadas no momento certo, fazem toda a diferença entre ter um negócio milionário e um negócio bilionário.

Note bem que eu disse "no momento certo". Você precisa olhar para a frente e entender o futuro da sua ideia, percebendo como ela se encaixará em uma realidade daqui a quatro, cinco ou dez anos. Veja que não estou falando da qualidade da sua ideia, e sim a respeito de ela ser aplicada no momento correto, com o *timing* ideal, sendo um produto ou serviço que vai ter demanda a partir de agora.

Pense comigo: Quantos iFoods e Ubers foram criados cedo demais e por isso não deram certo? Outro exemplo: o iPhone e o Android hoje dominam

---

7 IPO — Initial Public Offering: processo de oferta pública inicial no qual as empresas que vão abrir capital vendem suas ações pela primeira vez na Bolsa — são empresas estreantes na Bolsa de Valores.

o mercado dos smartphones, mas não foi sempre assim. Em 1992 eu adquiri um Palm Top, que era um aplicativo pessoal com algumas das funcionalidades que vemos hoje nos smartphones. Mas ele não vingou, porque era uma plataforma fechada, que dependia do desenvolvimento do próprio produtor. Com o tempo, tornou-se obsoleto.

Dez anos depois, o BlackBerry era o smartphone preferido no mundo empresarial. Saiu uma versão em que era possível manusear o aplicativo com uma só mão, o que aumentou seu sucesso. Mas ele também ficou perdido no tempo, por ter uma plataforma fechada, não ser muito integrado, e não ter tela touch. Quando os fabricantes começaram a incorporar essas funcionalidades, já era tarde demais.

O iPhone foi inovador e foi lançado no momento certo. O Android veio logo depois, copiou tudo o que estava dando certo no iPhone, e os dois hoje competem pelo mercado de smartphones.

Como é possível perceber, não é quem chega primeiro e nem quem tem o melhor modelo que vence a concorrência, e sim quem chega no momento certo. Convido você a trabalhar um pouco mais essa questão antes de efetivamente começar a empreender.

Exemplo: fintech

Para ilustrar um pouco mais como tudo isso funciona na prática, deixe-me contar sobre um cliente para o qual fiz mentoria. Ele tinha uma empresa de cosméticos e queria adentrar o mundo financeiro.

Pensou em criar uma fintech para oferecer às empresas soluções em serviços financeiros. A sacada era a seguinte: em vez de as empresas cobrarem por meio de cartão de crédito, ele propunha que elas usassem boletos; com a centralização desses boletos, elas ficariam com contas a receber de seus clientes e poderiam usar esse fator como garantia para tomar dinheiro emprestado. Esse artifício diminui bastante o risco, porque existe um "a receber" futuro como garantia. Se o cliente não pagar, basta reter os pagamentos dos recebíveis que forem entrando. Em suma, isso permite proporcionar crédito com um custo muito baixo, ajudando a empresa a crescer.

Fizemos o exercício de avaliação, respeitando todas as etapas acima, e chegamos à conclusão de que a essência da ideia estava no uso de boletos como hub financeiro — um modelo inovador e disruptivo que propicia prestação de serviços para diversas empresas —, de modo a alavancar as garantias dos clientes para solicitação e concessão de crédito.

Nesse caso, concluímos que a ideia tinha futuro e nos aprofundamos na avaliação. E como fizemos? A pergunta-chave foi: "Para onde estão avançando as grandes empresas de cosméticos (Natura, Boticário, Avon)? Elas estão criando um braço financeiro?".

Ao fazer essa análise, foi possível notar um padrão: várias revendedoras das marcas acima adorariam ter uma conta no banco e acesso ao crédito. Logo, adivinhe o que aconteceria com quem chegasse primeiro. Pense na possibilidade de inserir no sistema bancário um estrato da população que vive no limbo financeiro, oferecendo crédito a ela. Quanto vale essa solução funcionando? Quanto as grandes marcas pagariam por isso?

Reforçando a necessidade de avaliar se o seu empreendimento tem futuro, quero citar também, a título de exemplo, que há algum tempo investi em uma startup chamada Repassa, basicamente um brechó on-line — a pessoa enviava roupas boas e de grife, a equipe fazia a triagem e colocava as peças à venda em sua plataforma digital. Na época, a Renner, uma das maiores varejistas de vestuário, percebeu que estava atrasada na estratégia digital e, em 2021, para agilizar sua presença nesse segmento, resolveu comprar a Repassa por uma quantia bastante significativa. Esse é o potencial de uma boa ideia: imagine identificar roupas usadas e até mesmo novas, mas guardadas, amontoadas em um armário e sem utilidade, e criar um negócio que recoloca esses itens no mercado e os revende para outras pessoas, que passarão a usá-los. A partir daí, é criado um negócio bilionário.

Para um empreendedor, o imediatismo nem sempre ajuda. A ideia é ter uma visão do futuro: 1) Entender em que os investidores estão apostando, pensando para daqui a cinco ou dez anos; 2) Olhar esse mercado; e 3) Focar onde se espera ter uma grande demanda.

PRÓXIMA PARADA: ESTAÇÃO CLIENTE

Até aqui percorremos um bom caminho, mas esse é apenas o começo da jornada como empreendedores de sucesso. Porém, não podemos negar que já temos em nossa mente pontos importantes, como: identificar o DNA do nosso negócio; perceber a força de uma boa ideia; descobrir o diferencial dessa ideia; testar quanto essa ideia agrega de valor; sintetizar o que é essencial (algo que tem grande poder estratégico); e avaliar se a nossa ideia tem futuro realmente.

Sem dúvida existem outros pontos que abordamos, e muitos outros que ainda veremos, também essenciais na construção de uma startup de sucesso. Mas agora já conhecemos o método que está por trás de grandes empresas bilionárias e podemos começar a colocar a análise da nossa ideia para rodar, identificando até onde podemos ir com ela.

O mais importante é que aqui, neste momento, pode estar nascendo o seu grande empreendimento, e você precisa seguir as etapas corretamente, sem pular nenhuma, para estar preparado para os próximos desafios. Saber que todo negócio nasce assim, a partir de uma ideia que precisa ser trabalhada e lapidada, vai ajudá-lo a manter o foco na essência do empreendimento e a permanecer na rota para conquistar grandes resultados.

Nesta jornada rumo ao sucesso, a próxima parada será na "Estação Cliente". É preciso entender que, para implementar uma ideia, você não precisa somente desenvolver um bom produto ou serviço, mas sobretudo entender e atender plenamente o seu cliente, gerando valor verdadeiro para ele.

3

Experiência do cliente

Existe apenas um chefe, o cliente. E ele pode demitir todos na empresa,
inclusive o presidente, simplesmente gastando o dinheiro em outro lugar.
SAM WALTON

O QUE FAZER COM UMA BOA IDEIA?

Agora que você sintetizou uma ideia genial, única e de extremo valor para
o seu cliente, como entregá-la? Uma ideia não vale nada se não for colocada
em prática. Muitas vezes esse passa a ser o maior desafio. De fato, temos
alguns exemplos que podem demonstrar isso muito bem:

Em 1879, Thomas Edison inventou a lâmpada elétrica depois de
realizar mais de 1.200 experimentos. Na verdade, a ideia inicial
não foi dele; antes disso, vários cientistas falharam em encontrar
um filamento que brilhasse e não queimasse com a passagem da
corrente elétrica. Foi um longo caminho da concepção até a execução prática do invento.

Você viajaria em um tubo, em uma velocidade próxima da
supersônica? Esse é um desafio assustador até mesmo para os
mais aficionados em montanhas-russas. Até pouco tempo atrás,
não existia tecnologia capaz de transportar um ser humano com
vida nessas condições, mas a ideia e o desejo já existiam há muito
tempo. Em breve, o Hyperloop, criado a partir de um conceito
desenvolvido por Elon Musk, CEO da Tesla, pode se tornar realidade. Já pensou fazer Rio-São Paulo em 25 minutos? Mas um
longo caminho foi percorrido até que essa ideia incrível come-
çasse a se materializar.

Uma boa ideia, para ter valor, precisa ser incorporada à jornada do seu cliente e, mais ainda, precisa ser inserida na etapa correta e no momento correto. Essa etapa será o alicerce de todo o trabalho que vamos desenvolver. Para tanto, é preciso saber quem é seu cliente, o objetivo que ele tem, a jornada que percorre, o que ele ambiciona e quais são as dores e os obstáculos que o impedem de atingir o seu objetivo.

A PERSONA

Como entender quem é o seu cliente, sobretudo se a ideia for nova e o cliente ainda não existir? Para responder a essa pergunta, podemos lançar mão de uma metodologia do marketing digital denominada *construção da persona*.

Persona nada mais é que uma representação fictícia do seu cliente ideal. Por meio dela, você define características como: idade, gênero, estado civil, grau de escolaridade, profissão, onde trabalha, quanto ganha, como se comporta, onde e com quem vive, o que pensa, onde e o que compra, seus hobbies, suas histórias pessoais, e assim por diante.

Se a sua startup já tem clientes, fica mais fácil definir a sua persona. Basta conversar com eles e perguntar sobre seus interesses e modo de vida. Se ainda não há uma clientela, comece a frequentar os locais que seriam prováveis para uma persona que você pretende alcançar com seu produto ou serviço. Assista aos filmes que ela veria, leia os mesmos livros, pesquise prováveis sites que sua persona frequentaria, acompanhe-a nas redes sociais e avalie os comentários que ela faz, compre livros na versão Kindle e estude os parágrafos e as citações sublinhadas por pessoas que seriam candidatas a se tornarem sua persona.[8]

O Mapa de Empatia

O Mapa de Empatia vai ajudar a levantar e analisar essas informações sobre a sua persona. Essa é uma ferramenta muito utilizada para conhecer melhor o cliente — acompanhe no diagrama a seguir.

8 Sim, o Kindle permite consultar os trechos mais marcados do livro digital.

A partir desse mapa é possível coletar as informações de modo organizado, detalhá-las e analisar a personalidade do seu cliente-alvo, compreendendo-o melhor.

Basicamente, o Mapa de Empatia sugere uma série de perguntas — como as detalhadas no diagrama — para identificar seu público-alvo e conhecê-lo mais de perto, entendendo seus sentimentos, dores e necessidades.

Trabalhe para responder a cada uma dessas perguntas da maneira mais completa possível, entenda profundamente as informações levantadas e produza uma ou duas páginas detalhando como é o dia dessa pessoa: o que ela faz, o que pensa e, principalmente, suas dores, desejos, motivações, medos e anseios. Aproveite para já ir pensando em quais benefícios o seu produto ou serviço pode proporcionar a essa persona.

A experiência do cliente

Agora que você tem uma percepção mais ampla de quem pode ser o seu cliente, existem duas perguntas para iniciar o próximo passo. Elas são fortemente relevantes e vão fazer toda a diferença no seu projeto, se você conseguir responder de forma objetiva:

1. Qual é o objetivo que seu cliente persegue?
2. Qual é a dor dele que você pretende resolver?

Por exemplo, a Uber cresceu explorando a dor de todos que tiveram uma experiência ruim com os táxis tradicionais. Quais eram essas dores? Trajetos mais longos do que o necessário, preços exorbitantes, péssimo atendimento, dificuldade em conseguir um carro livre, veículos velhos e sujos, entre outras. Lógico que nem todos os táxis são assim, mas bastaram algumas péssimas experiências dos usuários com esse serviço para criar o espaço onde a Uber cresceu.

Podemos citar muitos outros exemplos: com a Netflix você pode ver o filme na hora que quiser, sem ter que "rebobinar" e se deslocar para "devolver a fita". Com a Rappi você tem a comodidade de receber sua refeição em casa. A Quinto Andar proporciona um aluguel de forma rápida, sem fiador e com bastante segurança. O Viagra... Esse todo mundo já sabe!

No caso do site Buscapé, por exemplo, que dores dos clientes ele resolveu? Veja: antigamente os preços de produtos eram informados em catálogos ou nos sites de comércio eletrônico de cada varejista. Se você quisesse adquirir uma televisão, teria de visitar as diversas redes ou lojas de venda de aparelhos eletrônicos. Era necessário pesquisar, anotar preços, comparar, pechinchar, tomar coragem e comprar. Primeiro era preciso perder o dia pesquisando, e ainda assim ficava a insegurança quanto a se, de fato, você estaria fazendo um bom negócio. Não era raro passar raiva ao encontrar, no dia seguinte à compra, um aparelho igual sendo ofertado por um preço bem menor.

O que o site resolveu? Ofereceu a comodidade na busca pela melhor opção, a segurança de que o cliente irá encontrar o melhor preço, além da proatividade: é possível deixar a ferramenta monitorando as ofertas, até que um dia apareça uma que seja especialmente interessante.

É importante ter em mente o propósito de surpreender o seu cliente. Lembre-se de que, quando falamos em *inovação*, não se trata somente de uma ideia nova, mas também da forma como a entregamos para o cliente — isso pode fazer toda a diferença. Lembre-se do ovo de Páscoa, que pode custar até dez vezes mais que uma barra de chocolate com o mesmo peso.

Uma vez tendo clareza quanto à dor do seu cliente a ser resolvida, você vai caminhando com ele ao longo de toda a jornada. Você tem em mãos a essência da sua ideia e procura encontrar o melhor ponto para incorporá-la à jornada desse cliente.

Ao acertar a sua entrega para o cliente, na forma e no momento certos, dentro da jornada que faz sentido para ele, isso vai lhe trazer inúmeros benefícios:

- Credibilidade, ao demonstrar que conhece o cliente.
- Personalização da entrega, ao proporcionar ao cliente uma experiência diferenciada em relação àquela que teria com os demais concorrentes.
- Percepção positiva do seu cliente com relação à marca.
- Diferencial competitivo, ao tornar o seu serviço ou produto únicos para o cliente.
- Satisfação, fidelidade e retenção do cliente, ao entregar o que ele de fato precisa.

Lembre-se sempre de que adquirir um novo cliente custa entre cinco a 25 vezes mais do que vender de forma recorrente.[9]

9 GALLO, A. The Value of Keeping the Right Customers. *Havard Business Review*, 29 out. 2014. hbr.org/2014/10/the-value-of-keeping-the-right-customers.

GRAU DE PERCEPÇÃO COM RELAÇÃO AO PROBLEMA

Outro aspecto importante no processo de construção do seu produto ou serviço é o perfeito entendimento do grau de percepção do cliente com relação ao problema enfrentado. A partir dessa tomada de consciência, podemos traçar, com o consumidor, uma estratégia de mudança comportamental no ambiente de seu negócio. Isso é fundamental, porque o comportamento do cliente influencia, positiva ou negativamente, seus resultados.

O processo de mudança comportamental diz respeito a entender em que estágio a persona está, a fim de oferecer a ela o produto certo para cada fase que esteja vivendo.

A mudança comportamental não acontece por si só e é específica para cada cliente. Existe a necessidade de traçarmos um caminho para atingir esse fim. É nesse momento que o modelo da mudança comportamental, dividido em fases distintas e objetivas, se mostra muito útil.

ESTÁGIOS DO PROCESSO DE MUDANÇA COMPORTAMENTAL

Os seis estágios do processo de mudança comportamental são:[10]

1. **Pré-contemplação**
   O cliente não sabe que tem um problema. Nesse caso, não adianta oferecer uma solução logo de início. É preciso antes despertá-lo para o que está acontecendo e lhe mostrar quais são as consequências do que está ocorrendo.

2. **Contemplação**
   O cliente tem consciência do problema, mas não sabe qual é a solução. Nessa fase, precisamos mostrar a ele os caminhos que existem para resolver o que o aflige.

3. **Preparação**
   O cliente descobriu uma solução, mas ainda não a colocou em prática. Nesse caso, precisamos motivá-lo a remover as objeções existentes e estimulá-lo a começar a fazer o que é preciso.

4. **Ação e reação**
   O cliente entrou em ação, mas ainda não resolveu o problema. Precisamos ajudá-lo a avançar e corrigir eventuais desvios de rotas.

5. **Manutenção**
   O cliente resolveu o problema e está se adaptando a uma nova realidade. A ação aqui é no sentido de ajudá-lo a se manter no novo estágio conquistado.

6. **Recaída**
   O cliente voltou a enfrentar o mesmo problema ou algo similar. É preciso reconduzi-lo ao processo de mudança comportamental.

Vamos supor que a persona *não tenha consciência* de que vai viver trinta ou quarenta anos a mais e nem mesmo parou para pensar que não vai ter dinheiro para se manter nesse período de sobrevida. Ela não tem noção da qualidade de vida que vai ter, uma vez que estará mais exposta às fragilidades próprias da idade e talvez não tenha recursos financeiros para lidar com isso.

---

10 Com base no estudo dos psicólogos Prochaska e Di Clemente.

Nesses casos, podemos dizer que a persona está em um *estágio de pré-contemplação*, ou seja, nem ela mesma sabe que tem um problema. Se você não tiver uma solução muito específica, não adianta querer vender para esse cliente.

A partir do momento em que a percepção do cliente é despertada, que ele entende que tem um problema, que não sabe como resolvê-lo e que está ciente de que tem uma necessidade, já podemos lhe oferecer algo mais estruturado, indicando possíveis caminhos para a solução daquilo que o aflige.

Depois que o cliente descobre que existe uma solução para o que procura, ele passa a ter interesse em comprar o produto ou o serviço que o atenda. E é nesse momento que você pode oferecer a ele as soluções que tem.

Em outra situação, você pode estar tratando com uma pessoa que já consome o seu produto. Assim, pode vender para ela um plano de manutenção.

Em resumo, é fundamental saber entregar o produto certo para cada momento que o cliente está vivendo. Para ter certeza do que oferecer ao cliente, é essencial saber em que estágio ele está. Logo, cabe fazer sempre as seguintes perguntas: Em qual estágio está o seu cliente? Como o seu produto ou serviço se encaixa na realidade dele? Como você pretende conduzi-lo à ação?

Você pode atuar, a princípio, em qualquer estágio do cliente; é preciso somente entender em que ponto a sua ideia se encaixa melhor. Produtos tradicionais, por exemplo, situam-se nos estágios de "preparação" e "ação e reação", ou seja, a pessoa sabe do que precisa e as empresas lhe oferecem isso de forma reativa. O marketing digital costuma trabalhar muito a ideia de que o cliente tem a dor, mas desconhece a solução. A renovação de uma assinatura normalmente se faz no estágio de "manutenção".

COMO PLUGAR A SUA IDEIA NA JORNADA DO CLIENTE

Aprendemos que a essência da sua ideia é exatamente o que traz valor para o cliente e para o mercado. Mas a ideia em si não se resume a um produto, uma tecnologia ou uma patente. É preciso ir além. Uma ideia só será potencializada quando for integrada à forma de atender o cliente, ao modo de servi-lo e à sequência de atividades que, quando executadas, trarão maior eficiência e uma experiência melhor para o consumidor. Enfim, é preciso investir na ideia que vai fazer a diferença na jornada do cliente, focando e trabalhando o ponto no qual está a maior dor ou no qual é possível obter o maior benefício ao longo desse processo.

Para entender como a sua ideia pode ser plugada ao longo da experiência do cliente, precisamos responder a perguntas como:

- Em que ponto da jornada do cliente está o maior valor agregado que pode ser entregue?
- Sob quais circunstâncias você consegue entregar uma experiência única e inovadora?
- Como você define essa experiência?
- Qual é o elemento que faz a grande diferença?
- Por que o cliente compraria o seu produto ou serviço?

Quando procuramos entender o resultado do que propomos e o impacto que isso vai causar na vida do cliente, podemos tecer uma análise sob vários aspectos. Podemos, por exemplo, pensar no financeiro e no econômico, ou em uma eventual redução no tempo de produção e entrega para o cliente quando conseguimos produzir num prazo muito menor que o usual. Desse modo, podemos dizer que, mesmo quando o valor financeiro não muda, ainda assim teremos agregado grande valor para o cliente ao fazer a entrega antes do tempo e com mais comodidade.

Entretanto, também podemos falar de questões mais específicas, como promover mais bem-estar, criar relações que proporcionam maior confiança, oferecer uma sensação de menor risco ou proporcionar algum aspecto em que tenhamos algo diferente, que, mesmo sem poder mensurar financeiramente, ainda assim é um valor agregado que o cliente percebe e recebe de bom grado.

Um exemplo típico de um serviço diferenciado, com bom valor agregado, seria o do café. Perceba que existem diferenciais bem claros entre o café que você toma numa padaria, a experiência na Starbucks e um café da Nespresso.

No fundo, o produto é o mesmo: café. Porém, na Starbucks você tem wi-fi, a atendente pergunta qual é o seu nome, o ambiente é agradável, as pessoas se encontram e se relacionam ali. No caso da Nespresso, você tem acesso a uma bebida requintada, em cápsulas, que pode ser preparada na sua casa com toda a praticidade e comodidade.

A questão do valor agregado transcende o produto em si. E precisamos pensar em estruturar essa análise em várias dimensões.

Dessa forma, como fazer para ir além da questão financeira e passar a considerar também aspectos como comodidade, praticidade, acesso ao serviço, entre outros? Trata-se de um exercício de começar a olhar para uma série de dimensões e perceber que existe uma relação entre as partes. O consumidor valoriza situações como:

- Consumir um produto que não existia antes.
- Conseguir comprar esse produto por um preço mais barato.
- Ser tratado de forma diferenciada.
- Perceber que o serviço agora é muito melhor.
- Saber que o serviço não existia antes.

Perceber quão positiva é a experiência que estamos proporcionando ao cliente tem a ver com os anseios de cada indivíduo, o que nos leva a ter de analisar uma série de outros aspectos:

- O que estou resolvendo para o cliente?
- Qual problema eu não conhecia e que esse produto poderia resolver?
- Qual é a dor do cliente que precisa ser sanada?
- Qual é o benefício que o produto traz para o cliente?

Precisamos sempre buscar inovações e diferenciais que possam preencher essas lacunas, olhando sob a percepção do cliente. Pode ser dor, pode ser benefício, mas é nesse ponto em que vamos encontrar o valor que podemos agregar.

PENSANDO FORA DA CAIXA

Muita gente trava neste ponto: como usar a ideia de forma impactante. Vou voltar ao tema do capítulo anterior: desapego. Temos que nos conscientizar de dois aspectos:

1. Podemos até achar que sim, mas o fato é que, no princípio, não conhecemos nossa persona.

2. É melhor errar rápido e atualizar o que for preciso do que planejar indeterminadamente algo supostamente perfeito.

O melhor a fazer é buscar formas criativas de resolver o problema do cliente, entregar a solução rapidamente, validar com o cliente a direção que o projeto deve tomar e, quando for o caso, realizar os ajustes de rota. Nessa linha, elenco três formas para você começar a pensar fora da caixa. Vamos nos aprofundar um pouco em cada uma delas.

Pensar como um leigo no assunto: O ultraespecialista não é a pessoa mais adequada em inovar

A inovação, na sua versão mais disruptiva, requer pessoas que não são especialistas no assunto em questão. O ultraespecialista não é a pessoa mais adequada em inovar para resolver problemas muito complexos. Quem é ultraespecialista está tão preso às condições de contorno que só consegue enxergar as ferramentas e os processos aos quais está acostumado.

Já o leigo, uma pessoa que não conhece o assunto, pode pensar mais livremente e trazer a inovação, levantando ideias que estejam fora do padrão ao qual o especialista está amarrado.

É preciso uma boa dose de desapego para inovar. Temos que nos livrar daquilo que estamos acostumados a fazer e nos esquecer do que consideramos certo. Deve haver uma quebra de crença. Para conseguir enxergar de forma diferente, é preciso abandonar aquela ideia de "eu faço isso há tanto tempo, tenho especialidade nisso e é assim que se faz".

Sair da caixa: a dificuldade não está em aceitar ideias novas, mas em escapar das antigas. Esse é o grande desafio de alguém que é especializado, se quiser buscar coisas diferentes e soluções inovadoras.

Explorar a sua experiência em casos similares: Qual é o seu repertório?

Onde está o seu diferencial? Qual será o seu papel e a sua contribuição para o sucesso do negócio? Você vai precisar ampliar um pouco o seu repertório, descobrir o que tem de diferencial e onde pode trabalhar. Você pode ter um conhecimento específico que agrega valor, mas precisa buscar a liberdade de aplicar isso de forma mais ampla e disseminada, para sair do lugar-comum, descobrindo o espaço para exercer a plenitude do inovar.

É preciso raciocinar de modo claro sobre o que você faz: "Bem, as situações em que aplico o que sei são estas... Agora, como eu posso pegar todo esse meu conhecimento e aplicá-lo a outras coisas, a outros ambientes?". Essa postura é fundamental para gerar coisas novas.

A partir desse questionamento, você precisará visualizar o contexto, buscar suas referências, aplicar a sua experiência, avaliar o que faz bem, identificar o que funciona e em que lugar funciona, e ampliar sua busca por soluções.

Procure referências nos conhecimentos acadêmicos, ao longo de sua formação; nos conhecimentos técnicos, através da execução do seu ofício; ou nos conhecimentos vivenciais, a partir da sua experiência de vida.

Como aproveitar a sua rede de contatos

Existem vários assuntos que você não vai conseguir resolver sozinho, que fogem muito do seu conhecimento, ou que darão muito trabalho para ser desenvolvidos. Nessa hora é bastante interessante procurar ajuda na sua rede de contatos, ou seja, naquilo que costumo chamar de *inteligência coletiva*.

No mundo digital de hoje, uma coisa importante é o compartilhamento de ideias e de conhecimentos. Dessa forma, quando você se deparar com um problema mais complexo ou trabalhoso, pode simplesmente acessar a rede e buscar as pessoas que estão fazendo coisas similares para outras aplicações, usar suas experiências e agilizar o seu próprio trabalho.

Usando a inteligência coletiva, você pode perguntar como se executa determinado processo e quais são as ferramentas que as pessoas usam para isso. A partir das respostas que consegue, você pode fazer de um ou de outro jeito e experimentar soluções, até encontrar a que melhor se adapte ao seu caso.

Hoje em dia já existem muitos tópicos extremamente explorados e desenvolvidos no assunto. Você consegue entrar em contato com uma pessoa que resolveu um problema similar ao seu para outro tipo de aplicação e receber dela dicas de solução, como: "Vai por aqui que funciona. Use isso que dá certo. Evite fazer tal coisa...".

Além do mais, muito da inteligência coletiva existente no mundo já está encapsulado em funções, rotinas e pacotes prontos para serem usados. Por exemplo, quando você usa a inteligência artificial, não precisa necessariamente saber programar nessa área. Existem sistemas prontos para uso.

Você não precisa entender qual é a fórmula matemática por trás de um algoritmo que faz um aplicativo chegar a determinado resultado. Basta usar a interface correta e customizá-la para seu uso. A partir daí, é só inserir os seus dados e receber as respostas de que precisa.

O interessante é que, quanto mais você usa esse tipo de rotina e a calibra para a sua necessidade, melhor ela funciona para todas as pessoas que a estão usando em outras aplicações. Ou seja, de forma indireta você entra em um mundo conectado no qual mais uma vez a inteligência coletiva é fundamental e faz toda a diferença.

Ao usar a inteligência coletiva, você ganha produtividade, velocidade e economia, além de evitar todo o trabalho de tentar reinventar a roda.

ENCANTANDO O SEU CLIENTE

Agora que você já sabe o que e como trabalhar na jornada do cliente, seu foco está pronto para ser desafiado mais uma vez. Vou deixá-lo com uma pergunta para provocar sua criatividade e que pode proporcionar uma experiência excepcional para o seu cliente:

O que mais você vai fazer para encantar o seu cliente?

Note que *encantar* vai muito além de *satisfazer*. Quando combinado com o efeito do *momento memorável* e com o *estímulo para compartilhar* a opinião, o encantamento ampliará e repercutirá sua marca e seu produto com bastante intensidade.

Vamos entender um pouco mais dessa dinâmica, analisando seus quatro componentes:

- **Satisfação** é uma reação racional e cognitiva, sentida quando o que foi entregue está de acordo com as nossas expectativas.
- **Encantamento** é uma reação emocional disparada por sentimentos de surpresa e alegria, quando recebemos algo bem acima da expectativa inicial.
- **Momento memorável** é uma sequência de episódios encantadores, dando origem a uma memória de longo prazo, que pode ser disparada por eventos similares.
- **Estímulo para compartilhar** é a disponibilidade de meios que permitam ao cliente expressar (on-line ou off-line), de forma espontânea, o que está sentindo naquele momento.

A importância do encantamento está na lealdade. Com o aumento da concorrência, entregar o prometido não é mais suficiente para reter o cliente. Além disso, o encantamento produz um efeito de recorrência e de aumento do tíquete médio de vendas. Funciona para todos os estratos sociais, desde bens de consumo em massa até serviços e produtos de luxo.

A Disney trabalha muito bem essa questão: ela promove a cultura do Momento Mágico, por meio do qual cada colaborador é estimulado a encantar os visitantes, resgatando principalmente as boas sensações de quando eram crianças. Dá tão certo que seus parques têm a estatística de +70% de recorrência de visitantes.

A Nike, durante a pandemia, investiu pesado nas iniciativas digitais de experiência do cliente, integrando lojas físicas com comércio eletrônico, o que proporcionou um aumento de 80% de vendas digitais.

Amplificadores

Quando afirmei que a satisfação e o encantamento geram uma transformação em termos de percepção e de fidelidade do cliente, eu me referi a proporcionar condições para que a pessoa grave aquele momento, aquela experiência com seu produto ou serviço, e guarde-a para sempre como algo bom. Isso acontece quando você transforma o cliente por entregar a ele algo acima das expectativas.

Agora quero apresentar a você dois amplificadores que fazem com que essa experiência ganhe ressonância tanto interna quanto externa, tornando o efeito ainda mais retumbante. Você pode ampliar e tornar mais duradouros os bons resultados com seus clientes aumentando essa reação de satisfação e encantamento, usando dois elementos amplificadores: os *momentos memoráveis* e o *estímulo para compartilhar*.

Com o momento memorável, você amplifica as boas experiências no interior da pessoa, criando várias dessas experiências que a transportem para momentos felizes de sua vida — como a Disney, que leva a pessoa a reviver momentos da infância, quando vivia no mundo do faz de conta. Essa conexão com os momentos felizes de uma época torna a experiência incomparável, o que eleva a satisfação e o encantamento.

Com o estímulo para compartilhar, você amplifica as possibilidades de a pessoa "contar para os outros" a respeito da maravilhosa experiência que viveu com sua empresa. Esse é um amplificador externo, que ajuda a projetar a sua marca no mercado.

O segredo é aproveitar aquela hora em que a pessoa está encantada, a fim de estimulá-la a externar sua satisfação e felicidade. Desse modo, a voz desse cliente vai ecoar entre as pessoas que estão envolvidas com ele, o que faz com que o seu produto ou serviço seja mais conhecido e desejado, melhorando também a percepção que o mercado tem da sua marca.

Um exemplo: as férias de Joshie, a girafa

Hotéis de luxo também trabalham bem essa questão. A rede Ritz-Carlton, por exemplo, permite que sua equipe tenha autonomia para gastar até dois mil dólares para resolver o problema de um cliente. A história de Joshie, a girafa, ilustra bem esse ponto.

Quando a família Hurn voltou das férias na Flórida, ao desfazer as malas, percebeu que tinha esquecido Joshie no hotel. Joshie era uma girafa de pelúcia e o melhor amigo do filho caçula, que a carregava para todos os lugares e vivia abraçado com o boneco. Eles dormiam e acordavam juntos, eram inseparáveis.

A criança ficou inconformada e só chorava; não conseguia dormir à noite. A família toda passou por um período de estresse e sofrimento intenso, por ver a infelicidade do filho. A preocupação aumentou ainda mais quando os pais perceberam que a criança nem mesmo estava se alimentando direito, e temiam complicações com sua saúde.

Para amenizar, o pai inventou a história de que Joshie tinha gostado tanto do hotel que ia tirar uns dias a mais de férias. Mas a criança não se conformou. Ela até tentou aceitar o que o pai dizia, mas a falta de Joshie estava sendo dolorosa demais.

Foi quando o gerente do hotel ligou para a família dizendo que o boneco tinha sido encontrado na lavanderia, entre as roupas que seguiram para ser lavadas. O pai da criança explicou todo o problema, falou do sofrimento do filho e contou a história que ele inventou para tentar acalmar a criança.

Alguns dias depois chegou uma encomenda expressa contendo Joshie, algumas "guloseimas" do hotel, um frisbee, uma bola de futebol e várias fotos de Joshie: tomando banho de sol, fazendo massagem, dirigindo um buggy, entre outras — fotos que comprovavam a história que o pai tinha inventado para a criança.

Quanto vale essa experiência — não somente para a família Hurn, mas também para a rede de hotéis?[11]

PRÓXIMA PARADA: ESTAÇÃO PRODUTO

Neste momento você pode estar preocupado, pois, mesmo depois de termos nos empenhado em reduzir muito o escopo para focar a essência da ideia, o assunto voltou a ficar grande e complexo ao construirmos a nova jornada do cliente, com ênfase em encantá-lo. Empregar essas ideias pode dar bastante trabalho, consumir muito esforço e nos distanciar novamente do conceito de *simplicidade*. Prepare-se, pois no próximo capítulo vamos trazer alguns atalhos valiosos que vão proporcionar o encantamento do cliente sem termos de gastar uma fortuna ou uma imensidão de tempo.

---

11 Convido você a fazer uma pesquisa no Google. Busque "Joshie the Giraffe" e avalie a repercussão positiva desse fato.

4

Checklist do produto

A cultura engole a estratégia de café da manhã.
PETER DRUCKER

Esta é a etapa na qual as pessoas mais erram. Afinal de contas, muitos pensam que, se vamos construir um produto com o qual sempre sonhamos, que vai encantar os clientes e se tornar um sucesso em vendas, temos que fazer com cuidado, investir muito tempo e não abrir mão dos detalhes. Mas será que esse é o caminho correto?

Lamento dizer, mas não. Essa não é a melhor estratégia. Nessa fase inicial, o produto que vamos apresentar poderá não ter quase nada a ver com o produto definitivo. Temos que construir algo bem diferente: rápido, não escalável e que possibilite o máximo de interação com o cliente.

Você pode estar pensando que isso não faz sentido. "Vamos gastar duas vezes até definir o nosso produto final? Não era para economizar tempo e dinheiro? Será que estamos falando em entregar um produto meia-boca?"

Calma, não é isso que estou falando. E é aqui que está a sacada para a nossa estratégia: o produto realmente não importa. O que importa é a experiência do cliente!

O IMPORTANTE NÃO É O PRODUTO, E SIM A EXPERIÊNCIA DO CLIENTE

Tendemos a pensar muito nas características do nosso produto ou serviço. Por exemplo: O que é melhor, um livro com 480 páginas ou com 136 páginas? Um treinamento de 25 horas de duração ou um vídeo de doze minutos no YouTube? Se você parar e avaliar, o que vale mesmo é a transformação que você vai provocar no cliente. Para que ler 480 páginas se você pode ter acesso ao mesmo conteúdo em 136 páginas? Para que passar 25 horas assistindo a um treinamento se você pode resolver o seu problema em doze minutos?

Devemos esquecer as características do produto e focar a experiência do cliente. E qual a melhor forma de fazer isso? Com uma abordagem personalizada: fazer à mão o nosso produto, artesanalmente, entregá-lo em pessoa e aproveitar para conversar muito com o cliente. Essa abordagem é mais rápida, mais barata e traz resultados imediatos.

Foram muitas as vezes em que recebi demandas para investir no desenvolvimento de softwares que iriam automatizar todo um processo, numa fase em que o empreendedor ainda nem tinha clientes. Minha resposta nesses casos, invariavelmente, é orientar a pessoa da seguinte forma: "Venda o seu produto, faça todas as análises e os relatórios à mão, entregue a transformação, pergunte para o cliente como foi a experiência e depois me procure de novo". Ao adotar essa abordagem, temos vários benefícios:

- Não perder tempo desenvolvendo um sistema inicial.
- Validar em que medida o cliente está interessado em adquirir o seu produto ou serviço.
- Testar o conceito e entender o quanto sua entrega corresponde às expectativas do cliente.
- Proporcionar a interação direta com os clientes e ajustar as entregas.
- Ilustrar como seria o produto final, tornando-o mais tangível para a equipe de desenvolvimento de sistemas.
- Gerar caixa para financiar parte do projeto.

Via de regra, construindo inicialmente um produto de forma artesanal e personalizada, a transformação do cliente tende a ser mais efetiva do que com a apresentação de um "produto pasteurizado".

Artesanal não é sinônimo de rudimentar

Quando digo "fazer o produto manualmente", não significa abandonar a tecnologia existente. Pelo contrário, existem várias ferramentas que podem ajudá-lo a solucionar o problema.

Vou dar um exemplo: uma das startups em que investi estava com um problema de comunicação com o cliente. Existia um processamento que rodava à noite e demorava muito. Às vezes o cliente chegava ao escritório de manhã e ainda não encontrava a totalidade dos dados do dia anterior pronta, e isso gerava muitas dúvidas. A solução seria criar um *dashboard* — ou seja, um painel visual que apresentasse, de maneira centralizada, um conjunto de informações, indicadores e métricas — mostrando o status do processamento. Só que isso não era prioridade do time de TI para os meses seguintes. O que fizemos? Criamos uma página oculta no site da startup: o operador da noite a editava e colava nela o resultado do processamento. Assim, no dia seguinte o problema estava resolvido. Na semana posterior, aquele relatório já tinha sido aprimorado conforme sugestões do cliente; dois meses depois uma rotina automatizada estava funcionando para resolver definitivamente a questão.

Hoje em dia existem dezenas de soluções prontas que podem facilitar o desenvolvimento rápido do seu produto inicial, e elas estão disponíveis para as mais diversas aplicações. O que antes exigia meses de desenvolvimento e licenças caríssimas está hoje disponível para uso imediato, a um custo ínfimo. Vou exemplificar:

- Você pode comprar o seu domínio (por exemplo, em Hostgator, Go-Daddy, Registro.br, Localweb) agora mesmo e colocar o seu site no ar em questão de horas ou dias (usando Wix, Wordpress).
- Pode montar um funil de vendas, criar páginas para oferecer seus produtos e serviços (com Simvoly, ClickFunnels) e começar a operação ainda nesta semana.
- Se for comercializar o seu conhecimento por meio de mentorias ou treinamentos, pode já deixar tudo pronto nas plataformas de produtos digitais (por exemplo, Eduzz, Hotmart, Monetizze).
- Se o projeto for mais complexo e precisar de maior estruturação, por que não o estruturar e lançar através de uma plataforma de crowdfunding, isto é, de financiamento coletivo (como Catarse, Benfeitoria, Kickante)?
- À medida que a sua base de clientes for aumentando, você vai precisar de ferramentas de e-mail marketing (como ActiveCampaign, Mailchimp, Mailjet) para administrá-la e de soluções de agendamento e controle de mídias sociais (por exemplo, mLabs, Etus).

- Nesse ponto, você precisará de ferramentas para alavancar a interação com seus clientes, criar pesquisas e questionários (e aqui temos TypeForm, Google Forms, Microsoft Forms).
- Talvez nesse momento você já esteja sobrecarregado de tarefas. Por que não terceirizar atividades específicas, com as quais você não tem afinidade e que não agregam tanto valor assim ao seu negócio? Existem vários sites de freelancers (Workana, 99Freelas, Fiverr, GetNinjas, VintePila).
- Talvez você tenha que contratar mais gente para a sua equipe (ProgramaThor, GeekHunter), coordená-la de forma remota (Discord, Slack), planejar seu fluxo de atividades (Trello, Miro) ou gerenciar documentos compartilhados (Evernote, Notion).
- Finalmente, será preciso disponibilizar as informações de forma organizada (Power BI, Tableau) e enviá-las para a sua contabilidade on-line (Conube, Contabilizei, Conta Azul).

É claro que, olhando assim pela primeira vez, pode até parecer algo complexo. Mas o bom é que você não precisa aprender a usar todas essas ferramentas; basta saber que elas existem e quais problemas resolvem. Pouco a pouco, à medida que seu negócio for ganhando relevância, você pode ir incorporando essas funções, terceirizando ou delegando seu operacional.

A importância das ferramentas de produtividade

Até o final do século XIX, o processo de produção era artesanal, baseado no conhecimento adquirido e transmitido de geração em geração. Com a Revolução Industrial, o conhecimento foi empacotado e encapsulado em grandes linhas de produção, reduzindo custos e proporcionando escalabilidade, agregando valor aos negócios e atendendo às demandas dos clientes.

Hoje, o acesso quase ilimitado às informações e às inúmeras ferramentas de produtividade proporcionam a flexibilidade e a personalização do produto artesanal, com o baixo custo e a escalabilidade das antigas linhas de montagem.

Em 11 de maio de 1997, Garry Kasparov, considerado por muitos o maior enxadrista de todos os tempos, perdeu uma partida de xadrez para um computador da IBM, o "Deep Blue". Placar final: 3 ½ a 2 ½. Pela primeira vez um grande mestre de xadrez foi derrotado em um torneio contra uma máquina.

O que ninguém sabe é que cerca de dez anos depois surgiu uma nova modalidade do jogo, o Xadrez Centauro, na qual os enxadristas têm acesso aos mesmos bancos de dados dos algoritmos de inteligência artificial. Esse modelo de tomada de decisão Homem-Máquina se mostrou imbatível, ganhando tanto dos supercomputadores quanto dos grandes mestres.

O avanço da inteligência artificial é um bom exemplo das mudanças que estão ocorrendo no mundo e que favorecem o desenvolvimento de novos produtos. Eu sempre fui um aficionado pelo tema.

Em 1995 trabalhei no Departamento de Robótica da Agência Aeroespacial Alemã (DLR — Deutsche Forschungsanstalt für Luft- und Raumfahrt), onde desenvolvia sistemas de controle adaptativo para suspensão de veículos. Tais sistemas eram capazes de aprender e de se ajustar em resposta a mudanças e desvios. Na época eu demorava boas semanas programando e configurando os sistemas, além de ter de redobrar os esforços nos processamentos — e eu virava a noite, mesmo utilizando os supercomputadores mais modernos da época.

Fiz uma "reciclagem" recentemente e me atualizei a respeito das linguagens modernas de programação. Depois de um dia de curso, já tinha escrito um programa que usava o Machine Learning — a capacidade dos computadores de "aprender" sem terem sido necessariamente programados — para identificar fotos de jacaré. Quanta diferença! Não precisei escrever nenhum código; bastou acessar as bibliotecas com rotinas pré-configuradas e definir os comandos para executar o trabalho.

Olhando em retrospectiva, hoje não precisamos de nenhum gênio da computação para desenvolver sistemas de inteligência artificial. Basta alguém que conheça as rotinas que já existem disponíveis e as parametrize corretamente.

Dessa forma, vai se consolidando uma nova realidade na qual o conhecimento do negócio e do cliente passa a ter uma relevância muito maior do que o conhecimento técnico. Ou seja, o segredo do sucesso do seu produto ou serviço está cada vez mais em dominar as ferramentas de produtividade e em saber como aplicá-las, gerando maior valor para o cliente.

PRINCÍPIOS PARA A CONSTRUÇÃO DOS PRODUTOS

Quando falamos de *produto*, a tendência é pensarmos em suas características. Porém, conforme já conversamos, o que realmente importa é a transformação que um produto ou serviço proporciona ao cliente. Nessa linha de pensamento, devemos focar a criação de um produto funcional, ainda não escalável, mas que já proporcione uma experiência fantástica para o consumidor. Para tanto, devemos atentar a alguns princípios, conforme veremos a seguir.

Qual tipo de transformação o produto vai proporcionar?

No capítulo sobre a Ideia, exploramos as diversas formas pelas quais a inovação pode se manifestar: em inovação pura, em servir, em custo, no posicionamento ou numa combinação entre elas. Dependendo da forma adotada, o produto pode assumir diferentes características.

- **Produto inovador**

  Pode ser uma inovação pura, quando o produto ainda não existe, ou uma inovação incremental. O Kindle, da Amazon, se enquadra no primeiro caso: um livro digital, prático, com uma tela que funciona bem tanto no escuro quanto em ambiente ensolarado. A luz de led se enquadra mais no segundo caso: é o equivalente a uma lâmpada elétrica, não esquenta, dura mais e gasta bem menos energia; é uma lâmpada aprimorada.

- **Design inovador**

  Pode ser uma inovação no visual do produto ou na interface com o usuário. A Apple, quando lançou o iPhone, foi criticada por ele não ter teclado; mas o tempo deu a resposta aos críticos de plantão. Nesse caso, é importante notar que todas a tecnologias do iPhone já existiam naquela época. A inovação foi na combinação entre elas em um design diferenciado. A Nest, que lançou termostatos com designs estilosos, foi comprada pelo Google em 2014 por três bilhões de dólares. O próprio Google, quando entrou no mercado, competia com sites que eram catálogos e listas de endereços eletrônicos. Foi com uma tela simples e intuitiva que ele virou referência para pesquisas na internet.

- **Processo inovador**
  Neste caso o produto não muda, mas o processo, sim, tornando-se mais eficaz, mais eficiente ou diferenciado. O processo de entrega da Amazon é um bom exemplo: é melhor do que os correios, mais rápido e, dependendo do caso, sem custo para o cliente.[12] Em outro exemplo, as operadoras de cartão de crédito sempre tiveram uma base com as tipologias de fraude para análises de segurança. Mais recentemente, essa verificação vem sendo feita com o uso de inteligência artificial. Para ambos os casos, o produto final não muda, mas a efetividade do processo de entrega de resultados para o cliente é completamente diferente.

- **Experiência inovadora**
  Relacionada com a inovação em servir, a ideia aqui é entregar para o cliente mais do que ele esperava. Falamos dos parques da Disney, famosos por essa característica. Outro bom exemplo é o processo de compra com "1-click" da Amazon, por meio do qual o usuário faz a compra sem ter que cadastrar nenhuma informação adicional — uma grande comodidade, sem incorrer em risco extra, pois eles conhecem os clientes e seus hábitos. Já a Tesla tem lojas próprias, com o intuito de encantar seus consumidores. Afinal, mesmo que a pessoa ainda não tenha recursos para comprar um carro Tesla, eles apostam que no futuro ela se tornará cliente. Muitas vezes basta um serviço adicional para encantar o cliente, como a opção de cancelamento de reserva sem multas no site da Booking ou o wi-fi de graça no McDonald's.

- **Modelo de negócio inovador**
  Pode ser fruto de uma inovação pura ou de uma inovação no posicionamento. Basicamente, é uma mudança na relação de dominância do ecossistema.

12 Assinantes da Amazon Prime Video.

Veja: no ecossistema temos as pessoas que fornecem os serviços e as matérias-primas, as que constroem um produto e agregam valor a ele, as que vão distribuir e as que vão vender o produto. Ainda há o cliente final. Mas sempre tem alguém que domina esse meio.

Por exemplo, na indústria do cinema, quem dominava o meio eram as grandes produtoras de filmes e as redes que os distribuíam nos cinemas. Quando surgiu o YouTube, o conteúdo não precisava mais passar por uma empresa produtora de filmes e não era mais necessário distribuir os filmes nos canais tradicionais. Começamos a acessar as pessoas de modo diferente; as plataformas que fornecem esses serviços passaram a dominar o meio. Foi quando houve a migração para a Netflix e a Amazon na produção e distribuição dos filmes, além da própria produção de conteúdo no YouTube.

Quando surge alguém que quebra o esquema de quem domina o meio, que quebra esses elos e muda as experiências, temos uma mudança na dominância do ecossistema.

Nessa linha de pensamento, já tínhamos comentado como a Nespresso mudou o negócio de café espresso. Também podemos falar de como o serviço de processamento em nuvem da Amazon — AWS — revolucionou o mercado. Nesse caso, eles perceberam que as empresas enfrentavam um problema de sazonalidade dos servidores durante o pico de consumo da Black Friday. Acontece que na Black Friday temos, por ano, um ou dois dias de pico de processamento, com todo mundo querendo acessar os serviços on-line. Isso congestiona a rede e o servidor das empresas que fazem ofertas durante essa promoção. Investir em um servidor muito mais potente para atender à demanda da Black Friday não era interessante, porque o aumento de demanda acontecia apenas em momentos específicos, e no resto do ano o servidor ficaria subutilizado. Qual seria a alternativa para passar por esses momentos de pico de uso?

Uma solução seria a possibilidade de alugar capacidade de processamento, em vez de comprar mais máquina. E a Amazon criou a AWS, um serviço por meio do qual é possível alugar capacidade de processamento de dados na nuvem, que pode ser utilizada apenas nos momentos que realmente interessarem ao usuário. A empresa aluga esses computadores por um período e depois volta ao seu padrão normal de processamento. Isso permite que ela module o seu parque de processamento de dados de acordo com a sua demanda.

Dessa necessidade de conseguir entregar um processamento de dados superior durante a Black Friday surgiu um negócio milionário da Amazon, chamado AWS. Dessa simples mudança surgiu uma solução muito lucrativa, que se tornou o esteio para o desenvolvimento de diversas empresas digitais.

Em resumo, dependendo do tipo de inovação e de como o produto vai se manifestar, podemos criar um negócio incremental (melhora em processo ou custo), adjacente (incremento no leque de ofertas e formas de servir) ou disruptivo (produto ou modelo de negócio totalmente inovador).

Qual deles buscar? Devemos optar pelo mais simples e fácil de testar. Saber aonde queremos chegar é importante, mas o primeiro passo sempre deverá nos servir apenas como instrumento para testar a ideia com o cliente. Daí vem a importância de termos um produto funcional prático e efetivo.

Como construir o primeiro produto funcional?

O produto funcional está diretamente relacionado com o conceito de MVP, ou seja, o Produto Mínimo Viável, que ganha relevância com o conceito de *startup enxuta* apresentado no best-seller do empreendedorismo digital escrito por Eric Ries, já comentado anteriormente. Trata-se do produto mais simples possível para avançar no processo de validação pelo cliente. Não requer muito esforço ou investimento em seu desenvolvimento. Tudo o que se espera desse produto é que cumpra esse papel fundamental de experimentação e de feedback dado pelo cliente.

Você pode criar seu primeiro produto funcional de várias formas:

- **Modelo concierge**

  Uma equipe executa manualmente todas as etapas que o sistema deveria fazer de forma automatizada. Por exemplo, no sistema jurídico que citei como exemplo, faríamos as análises e os relatórios à mão. Assim podemos testar se o produto está de acordo com as necessidades do cliente, antes de investir em tecnologia.

- **Oferta fumaça**

  Desenvolver um canal de marketing para divulgar o produto ou serviço ao potencial cliente. Por exemplo, criar uma página web que fale sobre o produto, exibindo um vídeo com os conceitos e o modo de funcionamento, com um botão de "comprar agora". Ao clicar no botão, o potencial cliente é direcionado a uma lista de espera e a uma página de agradecimento, explicando que será contatado oportunamente. Dessa forma, pode-se testar se existe apelo para um produto ou serviço que ainda nem existe. A Virgin Galactic, do milionário Richard Branson, anunciou durante vários anos uma lista de espera para quem quisesse fazer turismo no espaço. Em julho de 2021 foi lançada a primeira viagem espacial comercial — na data, a empresa já tinha mais de 640 reservas vendidas.

- **Mágico de Oz**
  Modelo parecido com o Concierge: o aplicativo (*front end*) aparenta funcionar, mas por trás está tudo sendo feito manualmente. Várias startups de sucesso se basearam nesse conceito. Os fundadores do Airbnb, por exemplo, cadastravam à mão as ofertas de quartos para alugar, capturadas diretamente dos cadernos de classificados da região. Os primeiros usuários do Easytaxi solicitavam o transporte, mas o que existia por trás da operação era uma equipe ligando para os taxistas e coordenando a logística.

- **Protótipo funcional**
  Com o uso de ferramentas modernas, desenvolve-se um aplicativo funcional que já permite ao usuário explorar o sistema e consumir os serviços, proporcionando interação em tempo real e dispensando a etapa de construção do MVP tradicional. Esse modelo tem uma forte tendência de uso, pela sua praticidade, mas ainda requer um investimento mais alto do que as demais opções.

- **Prototipagem dupla**
  Essa é uma técnica mais avançada, também conhecida como teste A/B: duas opções de solução são oferecidas para grupos diferentes. Aquela que funcionar melhor acaba se tornando a solução oficial. Mais cara do que as anteriores, normalmente é usada em uma fase mais avançada do projeto, proporcionando excelentes resultados.

Todas as opções anteriores acomodam o conceito de *melhoria constante* e trabalham com ela, fomentando a interação com o cliente e o aperfeiçoamento do produto.

CHECKLIST DO PRODUTO

Apresento a seguir um checklist com uma série de perguntas que vão ajudar você na construção da primeira versão do seu produto:

- Qual problema o produto vai resolver no futuro?
- O que devemos testar primeiro?
- Qual será o objetivo da primeira versão do produto?
- Qual deverá ser o valor agregado para o cliente?
- Quais aprendizados queremos testar (hipóteses)?
- Como podemos mensurar se a versão cumpriu seu objetivo?
- Quais são as funcionalidades a construir nessa versão do produto?
- Como essas funcionalidades podem ser desdobradas em componentes?
- Para cada componente:
  - Qual o objetivo desse componente?
  - Que função desempenha?
  - Qual a sua relevância e criticidade?
  - Como interage com os demais componentes?
  - Quais são as potenciais ferramentas de produtividade?
  - Esse componente está no caminho crítico?
  - Quando precisa ficar pronto?
  - Quem ficará responsável por ele?
  - Pode ser terceirizado?
  - Agrega valor?
  - É escalável?
  - Quanto custa?
  - Quais são os principais riscos associados?
- A quem será entregue essa versão do produto?
- Qual será o acordo de nível de serviço?
- Como e com qual frequência devemos interagir com o cliente?
- O que fazer para encantar o cliente?

- Quais são os requisitos para operacionalizar essa versão do produto:
    - Em termos de requisitos físicos?
    - Em termos de métodos, conteúdos e conhecimentos necessários?
    - Em termos de recursos humanos necessários?
    - Em termos de recursos financeiros?

Uma vez respondidas as questões desse checklist, mãos à obra. Está na hora de começar a construir o seu produto.

PRÓXIMA PARADA: ESTAÇÃO VALIDAÇÃO

Em suma, o checklist do produto nos permite ter uma visão completa sobre como agregar valor para o cliente, proporcionando-nos os meios para validar o mercado e o produto de maneira rápida e iterativa.

No próximo capítulo vou explicar o que significa validar o produto e o mercado e qual a importância disso nos seus negócios. Descubra por que essa etapa de vender para validar o mercado e de realizar entregas incrementais para validar o produto é um divisor de águas quanto ao nível de maturidade da sua startup.

FASE 2

Construir a alavanca do seu negócio

5

Mercado, produto e canal

Quando estamos no chuveiro, quando estamos pensando sobre nossa ideia, ela pode parecer brilhante. Mas a realidade é que muitas de nossas ideias são realmente terríveis.
ERIC RIES

Nos capítulos anteriores, abordamos os três componentes do modelo conceitual — ideia, cliente e produto. Agora vamos partir para a execução propriamente dita: descobrir se existe mercado para o seu produto, entender se o produto gera valor para o cliente e identificar os canais de venda e distribuição mais adequados. Estamos entrando na etapa de validação do seu produto ou serviço. É nela que está o ponto de virada do seu novo negócio. Uma vez que você a complete adequadamente, seu projeto vai deslanchar.

Validar é descobrir, em tempo real, como tudo está funcionando e identificar eventuais ajustes necessários na rota. Não adianta acelerar e correr sem ter certeza de que estamos indo na direção correta. Precisamos testar constantemente os nossos passos.

Deixar de validar o seu produto seria como tentar pousar um avião no meio de uma tempestade com nevoeiro, sem nenhum instrumento para auxiliar nas questões referentes à rota e à altitude — o que é uma receita perfeita para o desastre.

A validação ocorre em três níveis, na ordem que veremos a seguir.

VALIDAÇÃO DO MERCADO

Nesta fase, vamos testar a atratividade da sua oferta. Possivelmente você teve uma ideia que lhe parece maravilhosa. Mas, antes de seguir em frente, é preciso responder a algumas questões fundamentais:

- Será que sua ideia é mesmo maravilhosa para o seu potencial cliente?

- As pessoas estariam, de fato, interessadas no seu produto ou serviço?
- Quanto vale o seu produto ou serviço?
- A persona concebida para o seu projeto está correta?

Validar o mercado é até bastante simples e é algo executável em questão de dias: basta vender o seu produto. Nesse momento bate um frio na barriga e você pensa: "Mas como vender se não temos o produto?".

A chave aqui é entender que não é preciso ter o produto completo para que possamos vender. Como vimos no capítulo anterior, podemos construir o produto da forma mais simples possível: um anúncio com a oferta, uma solução feita sob medida para o cliente, ou uma simples análise feita à mão. Quanto mais simples, melhor, mais barato e mais rápido.

Cursos e mentorias são vendidos primeiro e desenvolvidos na sequência. Produtos inovadores têm fila de espera. Campanhas de financiamento coletivo (crowdfunding) chegam a arrecadar valores de sete dígitos.

Muita gente fica na dúvida, até mesmo por questões de ética, a respeito de dever ou não cobrar por um produto que ainda será desenvolvido. A resposta a essa questão é: Sim! Afinal, vender tem um papel fundamental nesse processo. Primeiro, vai custear parte do investimento inicial. Depois, ao cobrar você se valoriza e será mais respeitado. Além disso, o seu cliente será mais exigente com os resultados: já que ele está pagando, estará mais comprometido com as atividades que você propuser, aumentando as chances de sucesso do produto.

E se a oferta não for atrativa?

Um grande receio das pessoas refere-se à atratividade da oferta. Fica sempre aquela pergunta: "E se ninguém comprar o produto?". Excelente, se esse for o caso. É melhor descobrir logo de início que existe algo de errado do que avançar no projeto, investir tempo e dinheiro, só para depois descobrir que o sucesso não aconteceu. Quando digo *algo de errado*, pode ser o público-alvo que não é o ideal, ou o preço que não está adequado. Talvez o produto não seja atrativo, ou o discurso de venda não convença, ou ainda lhe falte de credibilidade, referenciais, entre outros motivos.

Entenda que essa falta de resultado nas vendas não é um impedimento; é apenas um fato constatado. Lembre-se de que o objetivo inicial aqui não é exatamente vender no sentido de faturar, mas de validar, certificando-se de estar com o produto e as condições certas, ou não.

Quanto mais rápido percebermos que nossa oferta ainda não está atrativa, maior será o nosso poder de reação. Temos que nos conscientizar de que errar faz parte do processo de aprendizado. O segredo está em errar rápido, mas recompor-se e corrigir o erro mais rápido ainda. Um provérbio japonês diz: "Caia sete vezes, levante-se oito". Agilidade na recuperação é o segredo. Não faz sentido querer investir meses ou anos no nosso projeto e, quando levarmos um tombo, descobrir que ele foi forte demais para nos recuperarmos.

Uma profissional que orientei estava criando um produto de design arquitetônico e tecnológico para proprietários de apartamentos de Airbnb, visando potencializar os negócios e a satisfação dos usuários. No meio da campanha, ela descobriu que a maior parte do seu público-alvo ainda não tinha seu imóvel ofertado no Airbnb — nesse caso, a dor desse público, os proprietários de apartamentos, era o desconhecimento dessa etapa mais inicial do processo. Ela resolveu ajustar seu negócio de maneira a primeiro ensinar a eles o passo a passo de como ofertar um quarto naquele aplicativo. Depois ofereceu o produto de design para toda a sua base antiga de clientes e também para os recém-adquiridos.

Fui cofundador da LegalBot, uma ferramenta de busca de normativos. Ao apresentarmos a primeira versão do produto para potenciais clientes, eles não se interessaram pela ferramenta criada, mas comentaram sobre a necessidade de uma solução que automatizasse a captura diária das novas normas. Foi uma grande mudança. Eu me arrependo até hoje dos quatro meses desperdiçados ao investirmos na criação da ferramenta sem falar ou interagir com a persona, para confirmar o que ela queria de fato.

VALIDAÇÃO DO PRODUTO

Uma vez validada a demanda do mercado pelo produto, o passo seguinte consiste em testar os componentes do produto em si. Vamos procurar entender se a entrega que fizemos funcionou ou não; se, de fato, cada componente do produto agregou valor para o nosso cliente. Daí a importância de interagir muito com o cliente antes de investir em tecnologia. Quanto maior a intensidade das interações, melhor e mais efetivo será o processo de validação do produto ou serviço. Não custa nada ressaltar mais uma vez que o importante é errar rápido, mas recompor-se e corrigir mais rápido ainda.

Nesse momento, é necessária a construção de parte do produto. Essa etapa pode levar mais tempo do que a anterior: talvez semanas ou meses.

E se o produto não funcionar?

Se o produto não funcionar, é possível que, neste ponto da nossa conversa, muito provavelmente você já saiba a resposta: Ótimo! Quanto mais rápido descobrirmos que o produto não funciona, mais rápido poderemos ajustar a ideia, o público-alvo ou as características do produto ou serviço.

O importante é ter em mente que tudo pode mudar, a começar pela essência da sua ideia. São essa consciência e essa aceitação de flexibilidade e maleabilidade que nos permitem ter a agilidade necessária para construir e entregar um produto que realmente agregue uma solução de valor para o cliente.

O Facebook, por exemplo, começou como um sistema para ranquear a popularidade de alunos universitários. O PayPal era uma solução de criptomoeda. O Airbnb, uma solução para hospedagem durante megaeventos — aliás, o "air" no nome se refere aos leitos em colchões infláveis, oferecidos no chão de quartos e salas. A Nintendo começou vendendo jogos de cartas. A Lego iniciou como uma oficina de carpintaria. A Marriot, no começo, era uma loja de cervejas artesanais. A Nokia começou fabricando papéis. A Tigre, no início, era uma fábrica de pentes de chifre de boi. E assim vai...

Muitas vezes a ideia está certa, mas o público não. Veja o caso dos agregadores de mídia social: o Facebook, por exemplo, atraiu originalmente o público mais jovem, mas, à medida que foi sendo difundido e abarcou uma gama mais ampla de usuários, seu público mudou, com os jovens migrando para o Instagram e o Snapchat. Passado um tempo, o ciclo se repetiu, com os "pais" e "avós" começando a fazer parte da comunidade do Instagram, enquanto os jovens descobriam o TikTok.

Também existem os casos em que o produto muda, ou se descobrem novas características nele, e o público passa a ser outro. Por exemplo, o Viagra, que originalmente seria um remédio para tratar hipertensão, acabou sendo consumido por quem tinha outros interesses nos efeitos do produto. Ou a Uber, que inicialmente era uma solução para aluguel de limusines, se popularizou e passou a englobar um público mais amplo. Mas não parou por aí: o lançamento do Uber Copter, serviço de táxi aéreo, engloba hoje um novo público, totalmente nichado.

Em certos casos, a ideia e a persona estão corretas, mas é preciso ajustar alguma característica específica do produto, como:

- **Preço**

  Muitas empresas da nova economia aproveitaram seu grau de automação para reduzir preços, como as corretoras digitais (XP, Easyinvest) fazem. Outras alavancaram o uso do conceito de *autoatendimento* — por exemplo, as startups de contabilidade (Conta Azul, Conube) — para reduzir tarifas. Outras empresas alavancaram a própria escalabilidade do modelo de negócio, como fizeram os sites de compras coletivas no passado (Peixe Urbano e Groupon), para proporcionar ofertas chamativas aos usuários. Até mesmo os modelos de negócios disruptivos (iTunes, Netflix) utilizam a tecnologia para oferecer ofertas mais agressivas de preços. Mas nem sempre estamos falando de preços baixos. Outra estratégia pode ser a de aumentar o preço, posicionando melhor o produto e adequando-o para o perfil do público-alvo desejado. As bolsas de luxo são um exemplo (Hermès, Fendi, Louis Vuitton), trabalhando com os conceitos de escassez e exclusividade.

- **Conveniência**

  Quando bem combinada com as dores e necessidades da persona, torna-se um componente diferenciado. Quem não se rendeu à facilidade de escolher pelo celular o seu prato preferido (Rappi, iFood) e recebê-lo em casa de forma rápida e segura por um preço acessível? Ou fazer compras com somente um clique pela Amazon? Ou pedir o transporte pelo aplicativo, por um preço justo (dinâmico),[13] com segurança, sem ter que manusear dinheiro vivo?

13 O sistema da Uber oferece uma tabela de preços variável, em função da demanda. Com isso, os motoristas são estimulados a se dirigir às regiões com maior demanda, reduzindo o tempo de espera.

- **Agilidade e flexibilidade**
  Poder fazer uma tarefa rapidamente, sem depender de um profissional especializado. Como exemplos, temos os aplicativos de edição gráfica, que surgiram para facilitar e disseminar o design gráfico (Canva, Trakto), os aplicativos de mensagens, que tomaram o espaço das empresas de telefonia (WhatsApp, Telegram), além de blocos de notas eletrônicos, escâneres digitais, gerenciadores de contatos, tradutores automáticos.
- **Qualidade**
  Esse é outro componente cada vez mais primordial no posicionamento do produto no mercado. A Apple oferece curso e consultoria gratuita para o uso dos seus produtos (Genius).
- **Pertencimento**
  Criar o sentimento de tribo é outro meio de fortalecer a marca no mercado e fidelizar usuários. As câmeras da Go-Pro não são as melhores nem as mais baratas, mas criaram uma comunidade que as mantém no topo das mais requisitadas. A Harley-Davidson é uma marca que as pessoas tatuam no corpo. Uma das primeiras startups em que investi, a Carbono Zero, alavanca entregas de courier utilizando bicicletas. Nessa mesma pegada de sustentabilidade, temos Natura, Projeto Tamar e Camisaria Reserva.

VALIDAÇÃO DO CANAL

Essa fase é a mais crítica. A primeira versão do seu produto está pronta, mas precisa ser vendida e entregue. Os canais para essas finalidades se dividem em dois tipos:

1. **Canais de vendas**
   São os locais nos quais a sua persona compra o produto. Pode ser uma loja física, um site de comércio eletrônico, um aplicativo no celular ou até mesmo uma máquina de vendas automática.
2. **Canais de entrega**
   Relaciona-se com a forma como o produto é entregue à persona. Pode ser por retirada física na loja, entrega em domicílio, entrega digital ou até mesmo entrega por meio de drone ou de carro autônomo.

Os canais podem ser uma excelente maneira de provocar uma disrupção na indústria. Um bom exemplo de disrupção do canal é o da Amazon. Inicialmente eles vendiam livros on-line, no sistema pós-entrega. Depois passaram a vender outros produtos da mesma forma. Em seguida, criaram o Kindle, que se tornou um canal inovador tanto de vendas quanto de entrega de livros no formato digital. Agora estão experimentando canais de entrega inovadores com os drones, com a Amazon Echo, a caixa de som inteligente da Alexa, ou com os dash buttons — botões IOT[14] que você cola, por exemplo, na máquina de lavar: quando estiver acabando um produto específico (como o sabão em pó), esse botão lhe permite comprar aquele item específico com apenas um toque.

A Netflix tem uma história semelhante. Eles começaram a fornecer DVDs pelo correio, competindo com as locadoras, para depois inovar na entrega usando canais digitais. Hoje usam a tecnologia de transmissão de dados pela internet, o *streaming*, inclusive produzindo também seus próprios conteúdos.

Mesmo produtos tradicionais com canais de venda e distribuição inovadores podem proporcionar ao usuário uma experiência diferenciada. As assinaturas de produtos de consumo recorrente, como lâmina de barbear, remédios, meias ou até mesmo fraldas para bebês, são alguns exemplos. Assinaturas de caixas de produtos de beleza, de livros, de brinquedos infantis ou até mesmo de artigos para pets também fazem parte desse novo conceito. Na modalidade "caixa de produtos", o cliente assina e recebe uma caixa com surpresas todo mês — o que proporciona recorrência, experiência para o usuário, além da oportunidade de enviar amostras e testar novos produtos junto a um público diferenciado.

Outra opção interessante é aquela que reúne os serviços comumente usados pelo público, agrupados e fornecidos a partir de uma plataforma consolidadora, os SuperApps. O WeChat chinês foi a primeira plataforma completa desse tipo. Criado inicialmente como aplicativo de troca de mensagens, passou a ser utilizado para realizar pagamentos, reservar

---

14 *Internet of Things*. Em português, Internet das Coisas.

hotéis, agendar consultas médicas, portar RG digital, entre outros. A Uber começou a oferecer delivery de comida, o WhatsApp entrou com o serviço de pagamento instantâneo, a MagaluPlay, além do marketplace de comércio digital (as mais diversas lojas reunidas em uma só plataforma), passou a oferecer a possibilidade de pagar contas, utilizar programas de milhagem e contar com soluções de cashback (a cada desembolso feito pelo cliente, parte do dinheiro volta em forma de crédito para compras futuras).

Pode até parecer simples encontrar o canal correto para o seu produto ou serviço, mas isso é um trabalho que requer constante monitoramento e análise. Quando atingimos o ponto ótimo em termos de canais de vendas e distribuição do produto, conhecemos os canais mais adequados e sabemos exatamente quanto custa para adquirir o cliente. Mais exatamente, passamos a saber quanto teremos de retorno para cada real investido. A partir daí, o próximo passo é escalar o seu negócio.

Product-Market Fit

Quando o negócio atinge o ponto ótimo em termos de canais de vendas e distribuição do produto, dizemos que ele encontrou o seu *Product-Market Fit* (produto ajustado ao mercado).

Nesse processo, é importante ter em mente que a validação do mercado pode ser feita em dias; a do produto, em semanas ou até meses; a do canal, em meses ou até anos. As duas primeiras podem ser comprovadas com base nas vendas e em pesquisas de satisfação com o cliente. Já a validação do canal requer métricas mais específicas e muita disciplina. O *Product-Market Fit* se baseia em três principais métricas: CAC, LTV e ROI:

1. CAC

    É a sigla para *Customer Acquisition Cost* (Custo de Aquisição de Cliente). Corresponde à soma de cada gasto real que é feito para a aquisição de um cliente. Se for via marketing digital, estaremos falando do custo da campanha, das ferramentas e dos profissionais envolvidos. Se for via venda direta, estaremos lidando com o custo de equipe de vendas, comissões etc.

2. LTV

   Lifetime Value (Valor do Ciclo de Vida). Corresponde a todas as compras ao longo da jornada do cliente. Se a empresa em questão for um banco, estaremos falando de tarifas, despesas de juros, serviços e comissões ao longo dos anos em que o cliente permanece ativo. Se for uma loja, estaremos olhando para todas as vendas recorrentes do cliente.

3. ROI

   Return on Investment (Retorno sobre Investimento). Corresponde a quanto o empreendedor terá de retorno para cada real investido.

Exemplo: produto digital

Imagine, por exemplo, que você tem um produto digital, como uma aula ou um treinamento, oferecido por R$ 299. Para conseguir novos alunos, precisa investir em campanhas digitais (listas de clientes), que lhe custam R$ 13 por potencial cliente, dos quais você consegue converter 5%. Adicionalmente, um a cada quinze alunos do treinamento acaba adquirindo uma mentoria de R$ 1.999. Nesse caso, quais seriam as métricas de *Product-Market Fit*?

Suponha que seja feita uma campanha digital para construir uma lista com três mil clientes em potencial:

- Custo total: R$ 39 mil (três mil vezes R$ 13).
- A hipótese é a de que você conseguirá 150 novos alunos (5% de conversão).
- Ou seja, **o CAC será de R$ 260** (custo total de aquisição dividido pelo número de novos alunos).

Nesse caso, será que vale a pena gastar R$ 260 para adquirir um aluno de R$ 299? Vamos analisar a próxima métrica:

- Os 150 alunos vão gerar uma receita de R$ 44,85 mil (150 vezes R$ 299) com o treinamento digital.
- Adicionalmente, dez deles vão adquirir a mentoria, gerando uma receita adicional de R$ 19,99 mil.

- Ou seja, **o LTV será de R$ 432** (receita com treinamento mais receita com mentoria, dividido pelo número de novos alunos).
- O ROI será de 66% (LTV dividido pelo cac menos 100%). Ou seja, para cada R$ 100 investidos, teremos R$ 166 de retorno.[15]

Quando você tem o histórico de quanto custa adquirir um cliente (CAC) e sabe exatamente qual é a jornada desse cliente ao longo da sua esteira de produtos (LTV), consegue estimar e monitorar como se comporta o retorno para cada real investido no crescimento do negócio. Nesse ponto, se o produto e o mercado forem promissores, chamarão a atenção de investidores.

Checklist de validação de canal

Dada a complexidade e o rigor necessários na fase de validação do canal, é importante ter uma visão estruturada de como o seu produto pode ser vendido e entregue. Deve-se tentar sobretudo esgotar as análises sobre as formas de inovar, procurando descobrir se há outros meios de vender e entregar o produto que sejam diferentes dos empregados pelos principais concorrentes.

Nos canais tradicionais, depois da aquisição dos insumos ou do produto pronto que vai ser revendido, tudo que é recebido na empresa em seguida é colocado no estoque. Em outra fase, as peças são montadas, gera-se o produto final, ele é empacotado e novamente colocado no estoque. À medida que é vendido, o produto entra em uma cadeia de distribuição em empresas de logística que captam esse produto e o levam ao ponto final de entrega para o cliente.

Ao falarmos em inovação, podemos analisar diversos aspectos. Primeiro podemos falar em inovação dentro do próprio estoque: robôs que separam peças e produtos para a entrega. Existem casos em que é usado um sistema chamado pick-to-light, em que cada compartimento de armazenagem tem uma luz indicadora, um display e um dispositivo de confirmação.

---

15 As referências de ROI variam bastante em função do tipo de negócio. Para investimentos financeiros tradicionais, um ROI de 8-10% pode ser considerado satisfatório; para pequenos negócios, mais arriscados, 15-30%; para negócios digitais e escaláveis podem chegar a 50-100%.

Quando chega um pedido, a luz pisca sobre a prateleira onde está o produto e, dessa forma, guia o operador durante o processo de separação.

Outro conceito inovador para automatizar a logística de um estoque é bastante simples e lógico e é baseado em deixar aquilo que sai com mais frequência em locais mais próximos das portas de saída do depósito, além de agrupar os diversos produtos que costumam sair juntos. Assim, é possível reduzir o tempo de captura dos itens e de montagem dos pedidos para despacho.

O importante é procurar descobrir quão rápido é possível mandar o produto para a distribuição. Pense, por exemplo, na agilidade necessária para carregar um avião, levando em conta o alto custo que existe durante o tempo em que ele fica em solo. Proporcionalmente, podemos fazer a mesma analogia no caso de o transporte ser feito por caminhões e outros veículos. Ou seja, tempo parado é sinônimo de custos mais altos.

Além disso, a entrega eficiente e eficaz do produto nas mãos do comprador, no menor tempo possível, é hoje um dos determinantes na decisão do cliente no que se refere a de quem ele vai comprar. Afinal, ninguém gosta de esperar demais pelo recebimento de algo que comprou por causa de uma necessidade real de uso.

A validação do canal de distribuição assume uma importância decisiva no processo final de entrega do produto, o que acaba por influenciar e muitas vezes até mesmo determinar como devem funcionar todas as etapas anteriores — e pode ser determinante até mesmo no sucesso ou no fracasso do negócio.

Nossas primeiras perguntas quanto a isso devem ser: "Como automatizar esse modelo? Como digitalizar a logística? Como integrar isso com a logística de quem vai fazer a entrega? Como reduzir o tempo de preparação e o despacho do produto?".

Na distribuição do produto, precisamos pensar, por exemplo, na logística de roteirização: onde está o cliente para quem vamos entregar o produto, qual é o percurso que vamos fazer, como buscar um caminho por onde tenhamos que andar o mínimo possível, como organizar as entregas mais próximas entre si — tudo isso para não desperdiçar recursos. Em um sistema mais sofisticado, podemos até mesmo procurar entender quanto o trânsito costuma estar engarrafado em determinados locais, e assim definir o melhor momento para fazer as entregas.

Outro modelo inovador fala de uma logística integrada, que trabalha envolvendo as diversas áreas e compartilhando a logística entre os vários players do processo. Isso proporciona mais elementos para definir e desempenhar as atividades de forma mais ágil e eficiente, além de abrir a possibilidade de ter uma gestão ampla, permitindo melhor controle dos processos e da logística.

A tecnologia tornou possível essa interação entre fornecedores, produtos, suprimentos e clientes, de tal maneira que é comum encontrar essa logística integrada sendo aplicada nas grandes operações atuais, como na Amazon e na Magalu, que vendem produtos de vários fornecedores e profissionalizam toda a questão de logística.

DE OLHO NAS TENDÊNCIAS

A validação do mercado, do produto e dos canais de vendas e de distribuição deve levar em conta as inovações: o que vai mudar no mundo e quais são as grandes tendências.

A Uber começou com um motorista, competiu com os táxis, mas desde o início seu modelo de negócios já prevê o uso de robôs autônomos. No dia em que a tecnologia disponibilizar o carro que anda de forma autônoma, a Uber vai usar esse recurso e basear seu negócio nele.

Hoje já existem vários produtos oferecidos por meio de uma assinatura que disponibiliza entrega regular na casa do cliente. Assim você pode receber um produto de consumo contínuo, com determinada frequência, sem ter que se preocupar em fazer o pedido a cada vez que quiser comprar. Esse serviço vai ser substituído pela entrega automatizada, usando um botão de push, que ao ser apertado gera um pedido para o fornecedor de um item específico, quando o estoque está baixo, e é feita a entrega automaticamente.

Nessa direção evolutiva e inovadora, existe toda uma linha de eletrodomésticos inteligentes que fazem parte do conceito chamado IOT (Internet das Coisas). Por exemplo, a geladeira sinaliza que o produto está acabando, ou com o prazo vencendo, precisando de substituição, de modo que você pode monitorar o que está consumindo.

Pensando ainda na entrega dos produtos, existem sistemas que fornecem um dispositivo automático de localização, de maneira que você pode saber onde está o seu produto a cada momento, desde que saiu da fábrica até chegar ao cliente.

Já existem empresas, como a Amazon e outras similares, que estão fazendo entregas via drones, ou via lockers — armários estrategicamente localizados onde o cliente pode retirar suas compras.

A Amazon Go já é uma realidade. Você entra em uma loja que não tem caixa nem funcionários atendendo, só há câmeras filmando as pessoas. Assim, as câmeras veem o que você pegou; depois isso você vai embora sem passar por nenhum caixa e é cobrado automaticamente em seu cartão bancário.

Durante a pandemia, a Ambev criou um produto chamado Zé Delivery, que garantia a entrega de cerveja gelada em até sessenta minutos. A Adidas montou uma fábrica por meio da qual você monta produtos personalizados e customizados.

Uma pergunta interessante para nos fazer pensar sobre o que as inovações nos reservam seria, sem dúvida alguma: "O produto que vou entregar ao meu cliente poderia ser entregue via impressora 3D?". A partir dessa resposta já nos é possível imaginar a imensidão de novas possibilidades.

PRÓXIMA PARADA: ESTAÇÃO EQUIPE

Algo de que não podemos nos esquecer, mesmo diante de tantas possíveis inovações, é que por trás de cada processo existe um elemento fundamental: o ser humano. De nada adiantaria validar o produto, descobrir que existem clientes no mercado, entender que o mercado é de bom potencial e ter um excelente canal de vendas e de distribuição se dentro da nossa empresa não tivermos capacidade para crescer e escalar o nosso negócio.

A capacidade de escalar depende de uma série de fatores: depende de vender, de organizar, de encantar o cliente, de planejar tudo o que está sendo feito. Para conseguir tudo isso é necessário ter uma equipe multidisciplinar. É muito importante ter certeza de que vamos contar com um time que atenda a todas as dimensões de que precisamos para entregar o produto que foi validado.

A validação confirmará se o produto tem apelo e a melhor forma de vendê-lo e distribuí-lo. Feita essa validação, estaremos quase prontos para escalar nossos negócios. Só falta termos a certeza de que vamos dispor de uma equipe adequada.

Existe uma série de perguntas que, quando feitas e respondidas adequadamente, ajudam a avaliar ideias com grande potencial de inovação dos canais de distribuição:

- Você consegue pensar em um modelo de vendas/entrega diferente do padrão da sua indústria? Qual seria esse modelo?
- Quais são as formas mais comuns de fazer a venda de produtos e serviços em sua indústria? O que pode ser feito de forma diferente?
- Quais seriam as potenciais inovações para vender on-line?
- No caso de produtos digitais: Quantos canais de vendas e entrega você experimentou na internet? Você perdeu algum? Você conscientemente está ignorando alguns canais de entrega porque acha que eles não valem a pena?
- Você pode vender diretamente para seus clientes em vez de passar por um vendedor terceirizado? O ponto aqui é pensar um pouco diferente. A ideia é você verificar se existe a possibilidade de mudar a forma como vende ou distribui o seu produto. Por exemplo, no ramo de automóveis tipicamente existe uma concessionária para vender o produto. A Tesla inverteu a equação: você compra os carros dela diretamente da fábrica. O processo de venda não passa por nenhum intermediário. Ou podemos ter o contrário. Por exemplo, no caso da Avon. O fundador da Avon vendia livros de porta em porta e imaginou criar um sistema com uma rede de representantes para distribuir o produto. Depois migrou seu negócio para a venda de perfumes e produtos de beleza, usando exatamente esse canal de vendas que criou.
- Você pode mudar o seu local de vendas ou ajustar o contexto do que você vende? Quando e onde as pessoas mais precisam do seu produto? Quais outros produtos podem ser agregados ao seu negócio no seu ponto de venda? Nesse caso, precisamos pensar um pouco fora da caixa quanto ao local de vendas. Por exemplo, em

uma feira livre, na barraca de peixe, a pessoa pode também vender sashimi. Em uma loja de equipamentos eletrônicos o vendedor pode oferecer também um seguro, uma garantia estendida para aquele aparelho. Ou, ainda, um camelô pode vender canetas na porta de entrada do vestibular ou do Enem. O que precisamos é ter um tipo de pensamento que busca o local onde há uma demanda maior pelo seu produto, ou no qual a pessoa não vai nem mesmo pensar duas vezes para comprar aquele produto.

- Quais são as formas mais comuns de fazer a entrega de produtos e serviços em sua indústria? O que pode ser feito diferente?
- Você conseguiria fazer entrega sob demanda?
- Do que você precisaria para conseguir entregar seu produto/serviço em no máximo trinta minutos?
- Você consegue entregar seus produtos na rua?
- Você pode usar formas inovadoras (ex.: Uber, drones, botão de push)?

6

O papel da equipe

UMA CORRIDA DE LONGA DISTÂNCIA

Formação da equipe: essa é a etapa na qual a maior parte dos novos negócios patina. Empreender é uma jornada de longa distância, que exige uma miríade de conhecimentos. Mais ainda, à medida que você avança, depara-se com a realidade de que a habilidade que o levou até aquele patamar não será a mesma que o levará ao seguinte. Não estamos falando somente de conhecimento funcional, mas também de diferentes perfis, características e habilidades específicos que serão exigidos de cada indivíduo ao longo dessa jornada.

Neste capítulo vamos falar um pouco sobre as equipes que vão trabalhar conosco, mas com certa ressalva: em um primeiro momento, quando falarmos em *equipe*, estaremos nos referindo em especial a um colaborador ou a um gestor do nosso negócio. Um colaborador que vai nos acompanhar no início da jornada, inclusive nos auxiliando na procura por sócios que nos complementem nas expertises necessárias.

A explicação para isso é bastante simples: falar de "equipes de colaboradores" é algo mais amplo e necessário; porém, quando você está começando um negócio do zero, tirando a sua ideia do papel e transformando-a em um produto para somente dali a alguns meses tê-lo disponível para o cliente, não vai ter tempo nem recursos para montar uma equipe de colaboradores muito grande.

Como mentor no Founder Institute, um programa cunhado em 2009 em Stanford com o objetivo de globalizar o Vale do Silício, criando e promovendo ecossistemas locais, diversas empresas em uma fase muito inicial me procuram buscando orientação sobre a primeira rodada de investimento. Eu tenho um checklist para orientar os empreendedores — que vou detalhar no Capítulo 8 — e, de todos os tópicos desse checklist, a constituição da equipe tem sido sempre o mais crítico. É comum encontrarmos empresas de um dono só, com pouca diversidade de perfil de colaboradores — quando eles existem — e lacunas nos conhecimentos funcionais.

Quando empreendemos, estamos falando de uma corrida de longa distância durante a qual não podemos menosprezar a questão do estímulo e do comprometimento, e, por isso mesmo, são necessários sócios que compartilham o mesmo ideal quanto a dar continuidade ao negócio. Porém, é preciso ter diversidade de experiências, de conhecimentos e de visões, para que o processo se complemente e se aperfeiçoe de maneira mais produtiva.

Assim como existe a necessidade de diversificação do perfil dos sócios, essa diversidade também precisa estar presente em toda a equipe de colaboradores que será construída, para que os objetivos sejam atingidos.

Similares, porém complementares

Nessa linha, quando me perguntam "Qual é o perfil ideal dos sócios em uma startup?", costumo responder que eles têm de ser similares, porém complementares.

Similares no sentido da perspectiva com relação ao futuro. Os sócios devem acreditar na mesma tese de crescimento e evolução do mercado e da empresa e compartilhar das mesmas premissas que fundamentam o modelo de negócio e que levarão a empresa a um novo patamar.

Similares em termos do tamanho almejado para a empresa. Com qual tamanho de empresa os sócios se identificam? Querem fazer parte de uma estrutura grandiosa? Ou preferem gerir um negócio de tamanho médio, porém bastante rentável? Grandes corporações têm mais recursos e maior poder de escala, porém acabam se tornando mais impessoais. Pequenas empresas exigem mais de cada profissional, mas proporcionam maior proximidade e unidade entre os colaboradores.

Similares em termos de objetivos futuros. Quanto os sócios estão alinhados com relação aos objetivos do negócio? Os sócios estão criando algo para gerar valor e vender? Ou o negócio está atrelado a um propósito maior, do qual os sócios não estão dispostos a abrir mão?

Por outro lado, é necessário que haja uma complementaridade em termos de conhecimento funcional, experiência, perfil e diversidade. Considero que um dos melhores exemplos de diversidade funcional é o de Steve Jobs e Steve Wozniak. O primeiro, todos conhecem; o segundo, nem tanto. Steve Wozniak é o engenheiro eletrônico que criou o Apple I, o primeiro computador com interface de vídeo nos Estados Unidos. Ele foi o braço direito de Steve Jobs, o construtor que colocou em prática a visão do seu sócio famoso. Apesar de ser mais recluso, sem suas habilidades técnicas muito provavelmente a Apple não estaria hoje no patamar de sucesso a que chegou.

Guardadas as devidas proporções, especificidades, responsabilidades, abrangências e competências, podemos aplicar esses mesmos conceitos e esse raciocínio relativos à formação de uma sociedade promissora quando pensamos em termos de formação estratégica de toda a nossa equipe de colaboradores, que será formada com o tempo. Esses players também precisam ter como norte as mesmas considerações.

A título de ilustração, podemos citar a consultoria de inovação Ziba, que maximiza o valor de uma força de trabalho diversificada através do "Programa Embaixador", que permite que os funcionários passem três meses trabalhando em outras disciplinas em qualquer lugar do mundo. Essa diversidade de pensamentos e de perspectivas não só estimula a criatividade como se traduz em excelentes resultados de negócio — com mais de 270 patentes nos mais diversos setores.

Outro aspecto importante a ser levado em consideração é a diversidade de gênero, etnia, constituição física, classe social, orientação sexual, entre outras — não como um mero instrumento para cumprir quotas legais, mas porque, quanto mais diversa a composição da equipe, melhor enxergamos o mundo e os problemas, construindo soluções mais completas e abrangentes, tornando o negócio mais rico e valioso.

O PERFIL DE EMPREENDEDOR

Para compor um grupo de sócios — ou mesmo uma equipe de colaboradores que tenha equilíbrio e em que os profissionais trabalhem juntos, complementando-se uns aos outros e fazendo a sinergia surgir como ferramenta de busca dos resultados —, ajuda muito conhecer o perfil de empreendedor de cada um desses profissionais envolvidos.

Nesse caso, talvez sua próxima pergunta seja: "Como posso saber o perfil de um empreendedor?". Diz um ditado popular: "Para conhecer uma pessoa, temos que comer um quilo de sal com ela". Mas não vamos levar isso ao pé da letra. Afinal, hoje em dia já temos vários testes e padrões que podem nos ajudar, pelo menos inicialmente, a entender algumas dimensões específicas do perfil de um profissional. Vou me ater nesta obra aos dois mais famosos: MBTI e DISC.

Porém, antes de nos aprofundarmos nessa análise, quero fazer uma ressalva: os testes comportamentais não determinam o que você é, mas indicam como você está naquele momento. Eles tiram um retrato do "você de agora", o que não quer dizer que isso não possa mudar ao longo do tempo e com a experimentação de novas vivências e a soma de novos conhecimentos. Eu mesmo tenho dois testes DISC aplicados exatamente pelo mesmo provedor, em um intervalo de três anos, com resultados bastante diferentes entre si.

Perfil MBTI
O primeiro dos testes que mencionei é o MBTI,[16] que se baseia na análise de quatro aspectos gerais:

- **Energia e motivação**
  Extroversão/Introversão (E/I). Tem a ver com para onde a pessoa direciona sua energia pessoal: mundo exterior (energia, ação, execução) versus mundo interior (ideias, pensamentos).
- **Percepção do mundo**
  Sensação/Intuição (S/N).[17] Leva em conta em que a pessoa se baseia para entender o que está ao seu redor: sensações externas (cinco

---

16 Myers Briggs Type Indicator (MBTI), instrumento criado por Katharine C. Briggs e Isabel B. Myers com base no conceito dos arquétipos do inconsciente coletivo de Carl Jung.
17 "S" de Sensação e "N" de iNtuição (uma vez que o "I" já tinha sido usado no anterior).

sentidos, ideias concretas e objetivas) versus aspectos intrínsecos (símbolos, ações e conceitos mais abstratos).

- **Avaliação e tomada de decisão**
  Pensamento/Sentimento (T/F).[18] Diz respeito à orientação e à forma como a pessoa costuma conduzir suas ações: pensamento (lógica, organização, razão) versus sentimento (valores, preferências).
- **Estilo de vida**
  Julgamento/Percepção (J/P). Leva em conta a preferência, o modo como a pessoa analisa a situação: função analítica (estrutura, atividades, produtos) versus percepção (flexibilidade, adaptabilidade).

Como isso funciona? Basicamente, por exemplo, uma pessoa mais extrovertida terá mais facilidade para vendas, outra mais analítica se dará melhor no desenvolvimento de sistemas, enquanto uma terceira com alto grau de percepção e sentimento terá maior facilidade para lidar com equipes.

Cada letra diz respeito ao posicionamento da pessoa dentro dessas dimensões de comportamento. Vamos analisar um pouco mais os exemplos que já citei aqui, para não deixar dúvidas:

EJ — **organizador ativo:** é uma pessoa extrovertida e muito focada no aspecto analítico do que tem de ser feito.

ST — **executor lógico:** é uma pessoa movida por fatores externos (e não pela intuição), e também forte em toda a parte lógica.

Quando unimos esses dois aspectos, temos o ESTJ, uma pessoa extrovertida, mais focada na sensação, na percepção do que está acontecendo no mundo, e também no pensamento. Ela julga mais do que percebe. Esse perfil é denominado "O guardião". Outro perfil interessante é o ESTP. É um pensador extrovertido. Quando o indivíduo tem esse perfil, é conhecido como "O promotor".

---

18 "T" de *Thinking* (pensamento) e "F" de *Feeling* (sentimento).

E assim podemos analisar os mais diversos casos, identificados a partir da combinação dessas letras.

Um estudo com empreendedores brasileiros[19] indica, entre eles, a predominância de casos de sucesso (66%) para os que apresentam o modo de orientação Organizador Ativo (EJ), dos quais metade apresenta o modo de operação Executor Lógico (ST).

Não vou falar aqui de todas as possibilidades de perfis, mas você pode fazer uma análise com atenção e perceber como eles funcionam.

A título de curiosidade, conheça o perfil de algumas pessoas famosas.

ENTP Visionário Walt Disney	INTP Arquiteto Larry Page	ISFP Compositor Steven Spielberg	ESFP Artista Beyoncé
ENTJ Marechal Bill Gates	INTJ Cientista Mark Zuckerberg	ISTP Artesão Steve Jobs	ESTP Promotor Madonna
ENFP Campeão Salvador Dalí	INFP Idealista Princesa Diana	ISFJ Protetor Madre Teresa	ESFJ Provedor Sam Walton
ENFJ Professor Barack Obama	INFJ Conselheiro JK Rowling	ISTJ Inspetor Jeff Bezos	ESTJ Guardião Henry Ford

Perfil DISC

O segundo teste que mencionei é o perfil comportamental DISC, fundamentado no trabalho do Dr. William Moulton Marston. Esse teste é usado para examinar os estilos comportamentais dos indivíduos em determinado ambiente. A sigla reúne as primeiras letras das palavras Dominância, Influência, Estabilidade e Conformidade — em inglês, *Dominance*, *Influence*, *Stability and Conformity*. O método se baseia na análise do grau de intensidade de quatro fatores:

- **Executor — fator dominância (D)**
  Indica pessoas ativas ao lidar com problemas e desafios; são pioneiras, diretas, exigentes e determinadas em seus objetivos. Características principais dessas pessoas: liderança, objetividade e competitividade.

19 *Revista Eletrônica de Administração*, v. 11, n. 2, edição 21, jul.-dez. 2012.

- **Comunicador — fator influência (I)**
  Indica os indivíduos que utilizam o poder da comunicação, que gostam de conversar e sabem persuadir de forma amistosa. Características principais dessas pessoas: otimismo, entusiasmo e socialização.
- **Planejador — fator estabilidade (S)**
  Costumam ser pessoas pacientes, gentis e calmas. Características principais: ponderação, planejamento e lealdade.
- **Analista — fator conformidade (C)**
  Indica pessoas disciplinadas, precisas e analíticas, que buscam o perfeccionismo. Características principais: detalhamento, cuidado e exatidão.

Para ter um equilíbrio que favoreça o sucesso, um empreendimento precisa de sócios — e também de colaboradores em sua equipe, que virão ao longo do tempo, conforme o negócio for se consolidando — que combinem as quatro características acima. O Executor, para contornar os obstáculos e impor o ritmo de crescimento; o Comunicador, para mobilizar e contagiar equipes; o Planejador, para criar a estrutura necessária; e o Analista, para correr atrás das inovações, além de controlar as rotinas diárias.

Agora vamos falar um pouco mais diretamente a seu próprio respeito:
- Qual tipo de empreendedor você é?
- Quer conhecer o seu perfil Empreendedor? Faça o teste acessando este QR code:

Atividade funcional

Além dos perfis psicológicos complementares, é muito importante que existam pessoas capazes de entender as diversas atividades funcionais requeridas e de lidar com elas. Uma startup, ao nascer, por menor que seja, exigirá no mínimo as seguintes funções básicas: vendas, marketing, operação, atendimento ao cliente, tecnologia, finanças e gestão de talentos — ou seja, serão necessários de três a cinco gestores para desempenhar todos esses papéis.

O maior erro é o empreendedor achar que pode fazer todas as atividades por conta própria. Ele pode até ter vocação para mais de uma atividade, mas isso não é suficiente. Além do fato inegável de que uma só pessoa não teria tempo suficiente para se dedicar com eficiência a todas essas demandas, é preciso considerar que nesses casos não se trata apenas de ter a capacidade nata para a função. É necessário também muito estudo, aprendizado e aperfeiçoamento. Além disso, ao lidar exclusivamente com apenas uma das atividades críticas, o profissional garante foco e vai desenvolvendo a especialização requerida. Por que isso é importante?

Combinando as expertises

A sua especialidade direciona a forma como você vê as possibilidades de inovar. Os aspectos da sua experiência, o fato de você ter estudado muito sobre um assunto, ou a eventualidade de ter vivido algo que é único na sua área, tudo isso vai embasar a sua atuação e definir a maneira como você encara cada situação.

Partindo dessa premissa, você poderá olhar para as novas possibilidades por uma ótica mais empresarial, de negócios. Talvez você seja bom em vender, ou quem sabe tenha mais facilidade em entregar o que foi vendido. Pode ser ainda que seja bom em estruturar os processos ou em se relacionar com as pessoas. Tudo isso vai compor a forma como atua no seu dia a dia profissional.

Logo, o primeiro passo é elencar todos os recursos que você tem como indivíduo e como especialista, ou generalista, dependendo do aspecto necessário para resolver determinados problemas. Faça o mesmo com todos os profissionais envolvidos ou que vão se envolver com o seu empreendimento, sejam eles seus sócios ou colaboradores na empresa. Descubra quais são seus perfis psicológicos.

Analise também o seu próprio perfil psicológico e entenda como a combinação da sua expertise com o seu perfil pode ser um elemento de destaque nas diversas áreas de atuação.

A seguir, entenda quais são as lacunas da sua empresa, levando em consideração todas essas análises sobre o perfil de cada uma das pessoas que você deseja ter como sócios ou mesmo para compor a sua futura equipe de colaboradores. Combinando todas as expertises disponíveis, monte o seu dream team.

CULTURA DO EMPREENDEDORISMO

Ao pensarmos em termos de equipe, a primeira ideia que vem à mente é a de execução. Mas existe também uma camada muito importante nessa pilha de requisitos para estabelecer um negócio, que é a cultura de empreendedorismo.

Caracterizada por sua energia e autoconfiança, essa cultura é construída com base em pessoas com iniciativa, que aceitam responsabilidades e riscos. Pensar de maneira empreendedora significa formar uma equipe que não acate simplesmente as medidas impostas, mas questione, analise, busque sempre novos recursos, foque a inovação e que, além disso tudo, demonstre uma atitude positiva diante do fracasso — compreendendo que inovar e realizar são fruto de tentativas que por vezes acabam não dando certo, mas que, mesmo assim, são essenciais para pavimentar o caminho do sucesso.

Empreender é fomentar inovações, filtrar, selecionar e se apegar às mais inusitadas ideias. Mas acontece que muitas vezes o empreendedor parte de um modelo — arrisco dizer — de confusão mental. Ele tem uma visão que frequentemente extrapola o prático e o pragmático — vou fazer isso, vou fazer aquilo, vou montar um programa para resolver tal questão etc. —, sofrendo um desconforto com seu excesso de iniciativas e de ideias.

Por outro lado, podemos dizer que essa forma de brainstorming é fundamental, porque permite ter uma visão sem filtro, sem nenhuma ressalva, e ajuda a pensar em coisas que muitas vezes as pessoas não enxergam, ou não estão conseguindo imaginar, ou mesmo que consideram impossíveis.

Dessa forma, é possível que você, como empreendedor, tenha uma visão a respeito de onde existe uma boa quantidade de criatividade, de possibilidades, de caminhos a seguir, o que é extremamente útil para encontrar coisas de altíssimo valor agregado. É a partir desse processo imaginativo que o impossível começa a se concretizar.

Podemos citar a Wikipédia como um bom exemplo de criatividade. Antigamente, produzir uma enciclopédia era um trabalho brutal de pesquisa, feito por pessoas altamente especializadas. Não sei se você já ouviu falar sobre isso, mas havia especialistas para cada letra do alfabeto: existiam os especialistas na letra A, na letra B, na letra C, e assim por diante. Essas pessoas pesquisavam muito, depois ajustavam os resultados e montavam os textos. Havia a curadoria daquele conhecimento e daquele conteúdo, também feita por profissionais de exímia competência.

A Wikipédia mudou completamente esse conceito. Hoje qualquer um pode atualizar seus verbetes — até mesmo um leigo pode fazer isso. Mas a empresa por trás dela tem todo um processo de curadoria para garantir que não haja destruição de conhecimento e permanência de informação inverídica.

Na contrapartida, temos um exemplo em que a criatividade até esteve presente, mas não foi considerada. Estou falando de um caso que se tornou clássico nesse tipo de análise: a Kodak. A empresa era a maior no ramo de fotografia, e o seu carro-chefe era exatamente o filme fotográfico. Mas o mundo da fotografia digital destruiu o negócio dela. E o pior é que quem descobriu o filme digital foi a própria Kodak. Mas eles guardaram a ideia a sete chaves, porque temiam que, se isso fosse lançado, destruiria seu mercado. Porém, de nada adiantou, porque ninguém é capaz de segurar a inovação; a inovação acontece de qualquer jeito. E a fotografia digital apareceu, aconteceu e acabou com o negócio da Kodak.

Já o Google, com muito bom senso e visão, por muito tempo incentivou uma política por meio da qual os funcionários poderiam reservar 20% do seu tempo no escritório para trabalhar em projetos pessoais paralelos. Isso era permitido sempre que esses projetos pudessem beneficiar a companhia de alguma forma. Essa política foi responsável pela criação do Gmail, por exemplo.

A questão em foco aqui é que a cultura de empreendedorismo precisa proporcionar à equipe e aos sócios a liberdade de pensar em tudo o que é possível ou impossível, nas coisas mais criativas, sem nenhuma objeção. Resumindo, são dois passos:

1. Permitir a entrada de novas ideias em um momento no qual tudo é nebuloso, mas também tudo é possível.
2. Trabalhar essas ideias usando seu repertório de experiências, e aplicar isso em condições no mínimo viáveis.

A partir daí o empreendedor deve passar a buscar a essência de suas ideias, para realmente dar início a elas e concretizar o que ele quer realizar. É a partir desse ponto que ele vai ter de trabalhar, com seus sócios e sua equipe de colaboradores, tudo aquilo que realmente faz sentido em suas ideias, e colocar foco nelas.

A cultura de empreendedorismo exige que se tenha uma mentalidade empreendedora sempre, tanto no nível dos sócios quanto no nível das equipes de colaboradores. E em que se baseia essa mentalidade empreendedora? É o que vamos ver a seguir.

MONTANDO A EQUIPE

Uma vez que entendemos o papel de cada sócio e gestor, podemos seguir para a prática e nos prepararmos para montar a equipe. Escolher bem quem vai trilhar essa jornada conosco é fundamental. Estar cercado de profissionais tecnicamente competentes que se complementem e que, sobretudo, proporcionem um convívio prazeroso é uma das principais chaves para o sucesso do negócio.

Confesso que já investi tempo, esforço e recursos em várias iniciativas que não deram certo. Isso é normal, e o empreendedor não pode ter medo de errar. Porém, nessas horas é fundamental ter o sócio correto, para nos ajudar a colocar tudo no rumo e voltar a batalhar pelos nossos objetivos. Também é importante entender que, apesar da ambição do negócio a ser construído, é a jornada o que nos traz a felicidade, e não o destino. Logo, se uma iniciativa nossa não der certo, pelo menos façamos com que o tempo dedicado tenha valido a pena.

Entendendo o papel dos sócios e gestores

O primeiro passo é o comprometimento em relação ao papel de cada um dos sócios. Comece dividindo os papéis pelas funções mais relevantes: Vendas, Operação/Artista, Financeiro, Tecnológico. Idealmente, tenha um gestor por função ou, no máximo e provisoriamente, duas funções por gestor.

Avalie o campo no qual cada um dos sócios atua bem e em quais cada um precisa de ajuda. Cuidado para não se transformar no empreendedor polivalente e se tornar vítima da "síndrome do pato" — o pato nada, anda e voa, mas não faz nada disso bem-feito. Pessoas com a síndrome do pato fazem de tudo, mas nada fazem direito.

Entenda quais são os perfis psicológicos dos sócios e gestores, defina o protocolo de comunicação, os ritos de gestão, os princípios e valores a adotar. Certifique-se de que as quatro dimensões do DISC estão cobertas. Alguns pontos devem ser especialmente levados em consideração, conforme analisados a seguir.

Afinidade

Afinidade tem a ver com ter a pessoa certa ao nosso lado. A convivência tem que valer a pena, pois a vida é curta e a jornada empresária toma boa parte dela.

Afinidade é o nome do jogo. Encontre pessoas que complementem você e o façam avançar. Não tome uma decisão precipitada, porque, afinal, trata-se de uma convivência de longo prazo, pelo menos de uma década. Meu amigo João Kepler costuma repetir: "Entre o cavalo e o jóquei, prefiro apostar no jóquei". Ou seja, ter as pessoas certas do nosso lado é a segurança para superar os momentos adversos.

Nesse quesito, busque pessoas que possam:

- complementar as suas habilidades;
- compensar as suas fraquezas;
- ampliar o seu alcance de atuação;
- compartilhar as conquistas.

Comprometimento

Comprometimento é a capacidade de manter a chama acesa. O que isso significa? Uma equipe forte e comprometida torna a empresa mais resiliente. Ao ocorrer um evento que porventura abale fortemente um dos sócios, os outros estarão do lado para ajudá-lo a se recuperar do contratempo e continuar avançando, mesmo em tempos difíceis. O pacto coletivo gera um estímulo adicional, restabelecendo a visão positiva e o aprendizado com cada experiência superada.

Exatamente por esse motivo é que evito investir em "empresas de um dono só". Afinal, dizia Steve Jobs, "Metade do que separa os empreendedores bem-sucedidos dos empreendedores malsucedidos é pura perseverança".

Recrutando a pessoa certa

Montar a equipe é um desafio. Em determinado ponto, você poderá perceber que precisa de profissionais com certos perfis complementares, mas onde os achar? Confira algumas boas alternativas para encontrar o sócio (ou o colaborador) que está faltando em seu negócio:

- **Trabalho**
  Profissionais com quem você já tenha trabalhado.
- **Cursos**
  Pessoas que estudaram com você ou que tenham frequentado o mesmo curso de formação.
- **Master Mind**
  Procure grupos e confrarias cujos valores e propósitos estejam alinhados aos seus.
- **Aceleradoras e eventos de startup**
  Participe de um programa de aceleração ou de um *hackathon* — aqueles eventos que reúnem programadores, designers e outros profissionais ligados ao desenvolvimento de software.

O importante é identificar pessoas com capacidade para transformar uma possibilidade de negócio em uma realização de sucesso. Nesse sentido, costumo adotar duas regras de ouro:

1. Procure sempre alguém melhor do que você.
2. Entre experiência profissional e bagagem acadêmica, fique com aquele que ama o que faz.

Na varejista de calçados on-line Zappos, por exemplo, os novos funcionários, depois de passarem por um treinamento intensivo de um mês, recebem uma oferta de dois mil dólares para desistirem do emprego. Com isso, faz-se uma triagem definitiva, em que ficam somente os funcionários que realmente estão comprometidos com a cultura da startup.

PRÓXIMA PARADA: ESTAÇÃO VALOR DO NEGÓCIO

Pronto, agora você já tem tudo de que precisa: uma boa ideia, o cliente certo, a primeira versão do seu produto, o seu negócio validado e os sócios e as equipes de colaboradores requeridos para chegar até o próximo patamar. Se fosse uma expedição, eu diria que já temos o objetivo, o mapa do tesouro, os equipamentos testados e a equipe capacitada.

Porém, antes de partir para a jornada, tenho uma pergunta: Quanto vale o tesouro? Você já parou para pensar? Pode até parecer menos importante, principalmente se você tiver um forte propósito, mas lhe digo que você pode levar um tremendo de um susto quando chegar ao seu objetivo.

Logo, saber quanto "vale o tesouro" será útil por dois motivos:

1. Se o valor for baixo, será um alerta de que pode não valer a pena empreender a jornada.
2. Se o valor for alto, pode ser a motivação para avançar cada vez mais rapidamente.

Já que é assim, o momento crucial é *agora*. É hora de descobrir o valor do seu empreendimento.

7

Valor do negócio

Nem tudo o que pode ser contado conta, e nem tudo o que conta pode ser contado.

WILLIAM BRUCE CAMERON

QUANTO VALE A SUA STARTUP?

Como se costuma dizer, *essa é a pergunta de alguns milhões de dólares.* Agora que você acabou de testar e validar o seu negócio, está na hora de apurar quanto ele vale. Vou mostrar a você não só o caminho tradicional para conseguir essa avaliação, mas também alguns atalhos que serão bastante úteis.

Muito mais do que um mero exercício matemático, o valor do negócio do seu empreendimento pode impactar profundamente seus planos e sua vida. Lembro do meu amigo Marcus, promotor de justiça concursado, esperando o dia para se aposentar e, em paralelo, planejando e esboçando o que seria a sua startup, uma empresa na área jurídica. Ele tinha um bom motivo para não se aposentar ainda, pois bastavam mais cinco anos de trabalho para que se aposentasse com o teto do funcionalismo, o que lhe daria um ganho extra de R$ 5 mil, se comparado com os ganhos que receberia caso se aposentasse de imediato.

O negócio que ele planejava começar já estava engatilhado, mas só poderia deslanchar com a dedicação plena do Marcus. Resolvemos fazer um exercício de avaliação. Com uma conta rápida, para surpresa dele, chegamos à conclusão de que a empresa tinha um potencial de faturamento mensal de R$ 70 a R$ 90 mil por mês. A partir desse ponto, aplicando uma técnica que você vai aprender mais adiante, teríamos um valor de seis a R$ 8 milhões. Ou seja, ele estava perdendo R$ 19.178,00 por dia, por não se dedicar exclusivamente ao seu negócio.

Por esse exemplo, você já pode ter uma ideia de quanto é importante calcular o valor do seu negócio, isto é, descobrir quanto ele realmente vale. E então? Já parou para avaliar quanto custa cada dia postergando o seu sonho de ter um negócio próprio?

O QUE VOCÊ PRECISA SABER SOBRE FINANÇAS

Antes de avançar para o cálculo propriamente dito, precisamos trabalhar alguns conceitos sobre finanças e modelos de negócios, além de conversar um pouco mais atentamente sobre quatro pontos fundamentais:

1. Identificar os componentes do modelo de negócios.
2. Aprender a estimar o mercado.
3. Montar os fluxos financeiros.
4. Entender o efeito multiplicador do conceito de *equity*.

Componentes do modelo de negócio

Vamos começar decompondo o seu negócio em cinco principais componentes. O aprofundamento em cada um deles vai nos permitir estruturar o seu modelo financeiro. Sugiro que você pegue papel e caneta e vá anotando suas respostas às questões seguintes:

1. **Proposta de valor**
   Qual problema ou necessidade será resolvido com o seu negócio? Isso é fundamental para entender com clareza o que será entregue ao cliente. Quais são os produtos que você vai ofertar?
2. **Modelo de produção**
   Como a startup está configurada para produzir a oferta? É a partir daí que você vai avaliar como o produto será confeccionado. Você vai comprar as partes e montar ou vai produzir do zero? Vai padronizar ou personalizar? Quais as etapas necessárias e quais serão os responsáveis?
3. **Modelo econômico**
   Como você vai monetizar as ofertas e garantir a sustentabilidade econômica? Aqui será preciso definir se o produto será vendido, alugado, se vai ser uma assinatura mensal ou se haverá vendas recorrentes. Também é importante já ir estabelecendo faixas de preço.

4. **Modelo de distribuição**

   Como os produtos e serviços serão entregues? É fundamental, neste ponto, entender o que pode ser feito digitalmente. Deve-se avaliar as alternativas para escalar a distribuição de acordo com o aumento de vendas.

5. **Ativos e capacidades**

   Quais recursos, habilidades e sistemas vão sustentar o modelo de negócio? É preciso mapear os principais requisitos para que a startup se estabeleça, se consolide e tenha potencial para sustentar seu crescimento.

Com base nessa visão, já dá para mapear e delinear as fontes de receita, os respectivos custos e o investimento requerido no negócio.

Estimativa de mercado

O valor do negócio depende diretamente do tamanho do mercado visado e de sua participação efetiva nesse mercado. Uma vez definido o modelo de negócio e o seu nicho de atuação, vamos partir para estimar o mercado.

Tipicamente, costumamos estimar três subconjuntos de mercado, denominados TAM, SAM e SOM, conforme é possível ver na ilustração a seguir.

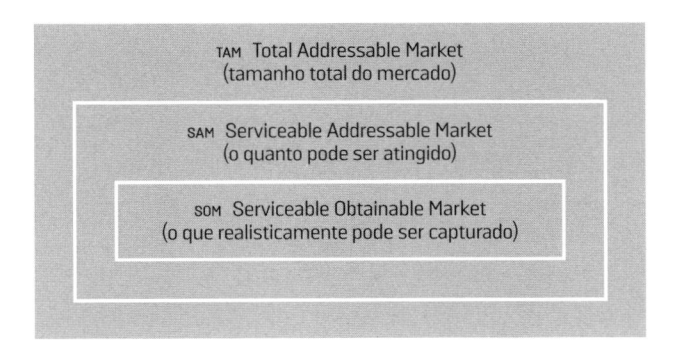

TAM — TOTAL ADDRESSABLE MARKET

Representa a demanda total por um produto ou serviço. Teoricamente, seria a soma de todas as empresas do mercado global.

Representa a porção regional da demanda por um produto ou serviço. Teoricamente, seria a fatia que a empresa tem potencial de atingir, considerando geografia, especificidades do produto e crescimento do mercado.

SOM — SERVICEABLE OBTAINABLE MARKET
Representa a parte realista do SAM, que a empresa espera conquistar. Leva em conta concorrência, distribuição, canais de venda, localidade e demais influências externas.

Com base nesses subconjuntos, fica mais fácil estimar a demanda de produto, projetar vendas e estimar o crescimento. Como consequência, as estratégias e as tomadas de decisão também serão mais acertadas, proporcionando foco e economizando recursos.

Como estimar o seu mercado

As duas abordagens mais comuns para estimar esses subconjuntos de mercado são:

- **Top-down**
  Muito utilizada para estimar o TAM. Essa estimativa é feita com base em dados do mercado, normalmente calculados por pesquisas e estudos setoriais feitos por organizações especializadas.

- **Bottom-up**
  Mais utilizada para estimar o SAM e o SOM. Construída internamente nas empresas, essa estimativa é feita a partir da quantidade de clientes do segmento e da receita média. Parte das informações estará disponível nos relatórios das empresas de capital aberto e outra parte dependerá da definição da persona — ver Capítulo 2 — e dos componentes do modelo de negócio.

Fluxo financeiro

O fluxo financeiro pode ser resumido em dezesseis componentes básicos, conforme apresentados no esquema a seguir:

FLUXO DE CAIXA					
+ LUCRO OPERACIONAL	RECEITAS	VENDAS	PREÇO UNITÁRIO		Preço médio dos produtos vendidos
			× QUANTIDADE		Total de vendas
		– IMPOSTOS	IMPOSTOS		Vendas × alíquota de imposto
	– CUSTOS	CUSTO DIRETO	INSUMOS		Soma de todos os insumos
			+ CUSTO DE PRODUÇÃO		Soma dos custos diretos (ex.: salários)
		+ CUSTO INDIRETO	INSTALAÇÕES		Custo de aluguel e instalações
			+ OUTROS SALÁRIOS		Soma dos salários indiretos
			+ MARKETING		Despesas com propaganda e marketing
			+ OUTROS		Contabilidade, limpeza, segurança etc.
+ RESULTADO FINANCEIRO					Despesa ou receita financeira (juros)
– INVESTIMENTO		IMOBILIZADO	CAPEX		Investimento em bens de capital
			– DEPRECIAÇÃO		Bens de capital × taxa de depreciação
		+ CAPITAL DE GIRO	INVENTÁRIO		Custo do inventário × dias de inventário
			+ CONTAS A RECEBER		Receita diária × prazo financiamento
			– CONTAS A PAGAR		Custo dos insumos × prazo vencimento
– IMPOSTO DE RENDA					Lucro × alíquota de imposto

O que vamos ver agora é algo tremendamente valioso, pois resume o básico para estimar a lucratividade de uma empresa, calcular o investimento requerido e projetar o fluxo de caixa futuro. Enfim, esses são os números que qualquer investidor gostaria de saber, com detalhamento suficiente e necessário para calcular o valor do negócio.

RECEITAS

Basicamente, a receita é a quantidade vendida, multiplicada pelo preço unitário de cada produto ou serviço, descontados imposto e/ou comissões. As receitas estão diretamente relacionadas ao conceito do tamanho do mercado SOM.

CUSTOS

Os custos podem ser desdobrados em dois componentes:

1. Custos diretamente relacionados à produção (ex.: insumos, força de trabalho, energia, embalagem, transportes etc.).

2. Custos gerais do negócio, denominados *indiretos* (ex.: aluguel, equipe de gestão, tecnologia etc.).

A relação entre os custos diretos e as receitas nos permite entender a escalabilidade do negócio, ou seja, seu potencial de crescimento.

EBITDA

O EBITDA[20] é um indicador financeiro usado para medir os resultados de uma empresa; ele foca a quantidade de recursos que a empresa gera em suas atividades principais. É o lucro operacional antes de juros, impostos, depreciação e amortização. Indica o desempenho da operação da empresa, livre dos efeitos financeiros e de impostos. É utilizado pelos investidores para entender a saúde do negócio. Seu cálculo se baseia na soma do lucro operacional com a depreciação e a amortização.

INVESTIMENTO

Outro componente importante é o investimento requerido, que inclui:
1. o imobilizado com a operação (ex.: desenvolvimento de sistemas, compra de máquinas e equipamentos);
2. o capital requerido para manter a operação rodando (ex.: inventário, contas a receber, pagamentos e adiantamentos).

Normalmente o investimento é mais crítico no início da operação e a cada salto para um novo patamar operacional.

FLUXO DE CAIXA

Vamos falar um pouco do fluxo de caixa, que é composto pela combinação dos elementos já descritos nos tópicos anteriores.[21] O fluxo de caixa é importante por dois motivos: liquidez e valor da empresa. Esses cálculos nos permitem projetar quanto vai sobrar ou faltar de recursos financeiros ao longo do tempo.

---

20 EBITDA — Earnings Before Interest, Taxes, Depreciation and Amortization. Em português, "Lucros antes de juros, impostos, depreciação e amortização".
21 Exceto a linha de depreciação do ativo imobilizado.

O grau de incerteza sobre o sucesso de um negócio é função do quanto podemos antecipar as necessidades que surgirão ao longo do tempo. O Serviço Brasileiro de Apoio às Micro e Pequenas Empresas (Sebrae), por exemplo, acompanhou três mil empresas durante os primeiros anos de vida e concluiu que metade delas fechou após quatro anos de atividade, e as principais causas desses fracassos estavam relacionadas à falta de capital de giro.

Planejar esses momentos difíceis com antecedência nos permite entender as necessidades de aporte de capital. Adicionalmente, vamos ver mais adiante que a linha de fluxo de caixa futuro definirá o valor do negócio.

Conceito de *equity*

Equity é um termo financeiro que, embora tenha diversas formas de ser interpretado, se refere especialmente ao patrimônio líquido de uma empresa ou a uma participação societária em um negócio. O conceito de *equity* tem ganhado bastante relevância atualmente devido ao fato de os investidores terem optado, em grande parte das vezes, por deixar na própria empresa os ganhos auferidos em determinado período. Em vez de retirar um gordo pró-labore ou distribuir dividendos aos sócios no final do ano, por exemplo, as startups tendem a reinvestir os lucros no próprio negócio.

A princípio pode até não fazer muito sentido "trabalhar sem receber", mas me acompanhe neste raciocínio: suponha que a sua startup valha R$ 1 milhão e precise de um investimento de cem mil para dobrar de tamanho em um ano. Suponha ainda que no ano encerrado tenham sobrado os R$ 100 mil e os sócios se vejam agora diante de duas opções: distribuir os R$ 100 mil entre eles ou reinvestir esse dinheiro na empresa. O que você faria nesse caso?

Se você tiver 50% de participação da startup (*equity*), suas opções seriam:
- Colocar cinquenta mil no bolso e ficar com uma parcela da startup equivalente a meio milhão.
- Não retirar nada e, no final do próximo ano, ficar com um *equity* de R$ 1 milhão.

No segundo caso, ao mirar o futuro, reinvestindo o dinheiro que a sua empresa gera, você está apostando no crescimento do próprio negócio. Existem riscos, como em todo investimento, mas você potencializa as chances de sucesso.

Por exemplo, a Amazon tinha uma estratégia de ficar sempre no zero a zero, em termos de lucratividade, e de não pagar nenhum dividendo para os acionistas, reinvestindo tudo o que lucrava. Eles acreditavam tanto no sucesso futuro que consideravam que, quanto mais dinheiro colocassem, mais rápido a empresa iria naquela direção. Como resultado, a Amazon emplacou duas décadas de "prejuízos" até se tornar uma das empresas mais valiosas do mundo. Diz a lenda que, em um daqueles anos iniciais, a Amazon deu lucro, e seu CEO, Jeff Bezos, enviou uma carta aos acionistas dizendo: "Peço desculpas. Isso nunca mais vai acontecer. É inaceitável".

VALOR DO NEGÓCIO

Agora que demos uma pincelada nos principais conceitos e componentes das finanças corporativas, podemos partir para o cálculo do valor do seu negócio. Para isso, você precisa primeiro construir a sua *visão*, para realizar a *previsão*.

A *visão* consiste em avaliar quais são as *receitas* e os *custos* atuais e qual o montante de *capital disponível*. Para cada um desses componentes é necessário olhar o histórico (se existir) e projetar a evolução ao longo de cinco anos.

É muito importante levar em consideração que existe uma correlação entre receitas e custos diretos, ou seja, se a receita crescer, uma fração dos custos diretos vai acompanhá-la.

Outra referência importante a ser considerada é o capital requerido para mudar de patamar com a operação. Essas mudanças normalmente exigem investimento de capital, como uma nova estrutura de marketing ou vendas, um novo maquinário, uma mudança no aplicativo atual ou o desenvolvimento de um novo produto.

Visão e previsão

Como se estima o valor do negócio? Essa estimativa é, em síntese, uma *previsão*, é procurar entender como vão funcionar os negócios daqui para a frente. E a *previsão* parte daquilo que chamo aqui de *visão do negócio*.

VISÃO			PREVISÃO
PASSADO	PRESENTE	FUTURO	VALUATION
• Receitas • Custos • Capital			• Finanças • Funding • Shares

A visão do negócio é baseada em entender a receita, analisar os custos e avaliar o capital imobilizado — que é transformado em máquinas e equipamentos — e o capital de giro — que é o dinheiro necessário para fazer o modelo girar.

Com base nisso, podemos partir do histórico do negócio, entender a situação atual e estimar cenários futuros. Com a análise desses fatores, podemos fazer uma projeção financeira e determinar qual será a possível evolução dos negócios.

Olhando para essa previsão financeira, podemos avaliar como será o nosso fluxo de caixa e entender como serão as receitas que geraremos, os custos em que vamos incorrer e o investimento de capital que teremos que fazer.

Essa análise vai nos mostrar quais serão os momentos nos quais haverá falta de liquidez, falta de dinheiro para tocar o empreendimento, quando será necessário fazer investimentos para acelerar o crescimento do negócio, para mudar de patamar, para modernizar e trazer mais equipamentos, para fazer a empresa realmente funcionar. Quando olhamos para a projeção do que vai acontecer e para as necessidades de caixa que surgirão, conseguimos entender o valor do nosso negócio.

É durante esse processo que surgem perguntas a que você terá de responder antes de dar continuidade ao seu negócio:

- Vai ser necessário buscar financiamento com investidores?
- Qual vai ser o pedaço do seu negócio com que o investidor vai ficar em troca do investimento?
- Quantas ações você vai distribuir para quem investir na sua empresa?

Resumindo, com base nessas projeções podemos calcular o valor do negócio e quanto investimento será necessário para fazer acontecer o que planejamos. A partir da visão histórica e da construção de uma projeção, nas linhas de receita, custo e capital, criamos o modelo financeiro, que já é um pouco da previsão, entendemos as lacunas de fluxo de caixa nas quais vamos precisar de investimentos, montamos nosso plano de negócio e definimos quanto de recursos vamos precisar para atingir nosso objetivo. Finalmente, convertemos em participações (quantidade de ações).

Quanto vale o seu negócio?
Na literatura existem dezenas de maneiras de avaliar o valor de uma empresa. Mas, se você assimilar as técnicas a seguir, já terá um bom conhecimento para avançar com segurança nesse sentido. Eu mesmo praticamente só uso estas três ferramentas:
1. Negociação pura.
2. Fluxo de caixa descontado.
3. Método de múltiplo do faturamento.

1. NEGOCIAÇÃO PURA
Também conhecida como Metodologia Base Zero, apoia-se em dois fatores:
- Investimento requerido para erguer o negócio do zero, espelhando--se em uma empresa similar.
- Percentual de participação do investidor no negócio.

Triangulando esses dois números, chega-se ao valor da empresa. Por exemplo, se você investir R$ 50 mil por 3% de um negócio, quanto vale a empresa?

> **Negócios novos**
> **Valor do Negócio = Valor investido/participação**
> Valor do Negócio = R$ 50 mil/3% = R$ 1,7 milhão

Essa abordagem também pode ser aplicada para negócios maduros. Nesse caso, as negociações servem como forma de marcar o mercado. Por exemplo, montei uma startup que recebeu o investimento-anjo de R$ 1,2 milhão por 8% de participação. Fazendo as contas, o valor seria de R$ 13,8 milhões.

Cuidado com o viés do custo afundado

Um aspecto importante nos negócios refere-se a sempre olhar para a frente e não se apegar ao passado, em especial quando temos a sensação, ou mesmo a comprovação, de que dedicamos esforço demais sem o devido retorno.

O *viés do custo afundado* é um processo comportamental bastante conhecido que ocorre quando investimos tempo e esforço sem atingir nossos objetivos. Colocamos tempo e dinheiro (além de outros tipos de investimentos) em um projeto e descobrimos que, mesmo assim, não conseguiremos realizar nossos planos. O problema se complica quando, até por uma tendência natural, insistimos em continuar investindo nesse projeto, mesmo sabendo que poderá ser em vão.

O que acontece às vezes é que nos apegamos emocionalmente a todo esforço que foi dedicado, a tudo o que foi investido, e não aceitamos perder; não aceitamos sair de uma posição na qual vamos ter prejuízo em relação a tudo o que foi investido. E continuamos despendendo esforço e fazendo novos investimentos, usando nosso tempo naquela atividade. Isso é custo afundado.

Essa nossa persistência em algo que já demonstrou que não dará certo tem por trás de si um apego emocional irracional, que nos leva a continuar investindo nesse negócio mesmo sabendo que não vamos recuperar nossos investimentos. Daí vem o nome "custo afundado". E, por incrível que pareça, é algo muito comum de encontrar no dia a dia de pessoas que desejam empreender um negócio.

Suponha agora que você tenha investido pesado em uma campanha de marketing digital que não deu resultado. Você vai continuar trabalhando no produto? Pode ser que sim, pode ser que não. Será necessário analisar todas as variáveis do empreendimento, porém lembrando que a sua decisão deverá ser tomada olhando sempre para a frente.

Em muitos casos, o negócio vai mostrar que não tem futuro e você precisará saber a hora certa de sair. Nesses momentos será importante entender que o prejuízo não será total, afinal você aprendeu muito com a experiência vivida. Ou seja, tenha em mente o pensamento que diz: "Quando perder, não perca a lição". Assim, sempre haverá ganho em seus investimentos.

Já comentamos: o que diferencia os maiores jogadores de pôquer do mundo não é conhecer técnicas secretas, nem ter um bom feeling sobre qual carta jogar ou trocar. É saber a hora certa de sair do jogo. É saber a hora de parar.

É importante entender que desistir daquilo que se está fazendo e partir para outra atividade não significa necessariamente que você está perdendo o que investiu. Na verdade, você tem de olhar a situação como um aprendizado em que testou uma hipótese e chegou à conclusão de que ela não era válida. Só o fato de ter testado a hipótese e ter chegado à conclusão de que ela não funciona já é um grande ganho.

O seu investimento em coisas que não deram certo vai se traduzir em ganho de velocidade em decisões futuras, visão maior do alcance do seu negócio e maiores chances de crescimento. Tudo isso vai refletir na sua curva de aumento de receita futura e na curva de redução de custo, o que vai ampliar a escalada do seu negócio.

Finalmente, quero ressaltar aqui que, quando falamos de valor do negócio, precisamos ter cuidado com a maneira como encaramos todo esse investimento do passado — ou seja, todo esforço e tempo que foram dedicados a coisas que não deram tão certo assim. Esses custos não podem ser considerados para uma projeção futura. A sua projeção futura tem que partir do momento em que você está agora — quanto tem de ativo, quanto vai gerar de caixa futuro — e nunca considerar os custos do passado, de tentativas que não deram certo. Esses custos não devem entrar como parte do cálculo.

2. FLUXO DE CAIXA DESCONTADO

Essa é a abordagem mais tradicional. Consiste em projetar o fluxo de caixa futuro e trazê-lo para o valor presente (VPL).[22] Este se baseia no valor líquido atual de um investimento, utilizando a taxa de desconto e uma série de futuros pagamentos.

---

22 Também conhecido como NPV — *Net Present Value*, em inglês.

A fórmula do VPL é a seguinte:

$$VPL = \sum_{i=1}^{n} \frac{valor_i}{(1 + taxa)^i}$$

Onde:
- taxa — corresponde à taxa de desconto sobre o intervalo de um período;
- n — corresponde ao número de fluxos de caixa;
- $valor_i$ — corresponde aos valores líquidos ao final de cada período futuro.

Apesar da aparente complexidade, a fórmula do VPL está disponível nas planilhas eletrônicas, o que torna seu uso bastante simples. Basta entrar com o comando em português[23] para obter o valor:

= VPL (taxa, $valor_1$, $valor_2$, $valor_3$, $valor_4$, $valor_5$...)

Com relação ao fluxo futuro, existem duas abordagens principais:
- O fluxo de caixa de longo prazo.
- O método Venture Capital. A fórmula é a mesma, porém muda o cenário.

Fluxo de caixa de longo prazo

Nesse cenário, constrói-se a projeção de crescimento para um prazo de dez anos e aplica-se a fórmula de VPL. É uma abordagem clássica, muito usada para negócios tradicionais. No caso de empresas do mundo digital, o principal desafio está no desenho de uma curva de crescimento plausível e coerente, dado um caráter exponencial, como o observado nos principais casos de sucesso.

Por exemplo, quanto vale um negócio com a seguinte projeção de fluxo de caixa futuro:[24] [–0,1; –0,5; 0; 1; 3; 5; 7; 10; 15; 20]?

23 Ou, em inglês, NPL (taxa, $valor_1$, $valor_2$, $valor_3$, $valor_4$, $valor_5$...).
24 Em milhões de reais.

Para responder a essa pergunta, pegamos a projeção de fluxo de caixa para os próximos cinco anos e aplicamos uma taxa de desconto de 15%,[25] o que dá um valor da ordem de R$ 19 milhões.

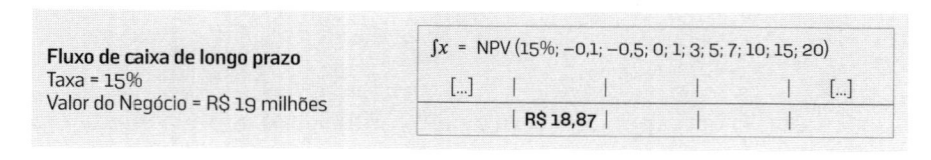

Método Venture Capital

Nesse cenário, constrói-se a projeção do fluxo de caixa para um prazo de cinco anos e estima-se quanto seria o exit[26] no sexto ano. Para estimar o valor do exit, pode-se fazer uma análise comparativa de casos de empresas semelhantes. Uma boa referência é de quinze a vinte vezes o valor da lucratividade da empresa no quinto ano. Uma das vantagens desse método é que ele não requer uma projeção tão longa; basta algo entre três e cinco anos, o suficiente para o negócio rodar no positivo e se tornar palatável aos potenciais investidores.

Por exemplo, quanto vale o mesmo negócio do caso anterior, [−0,1; −0,5; 0; 1; 3], supondo um exit após cinco anos, tendo a margem operacional de 45% em regime constante?

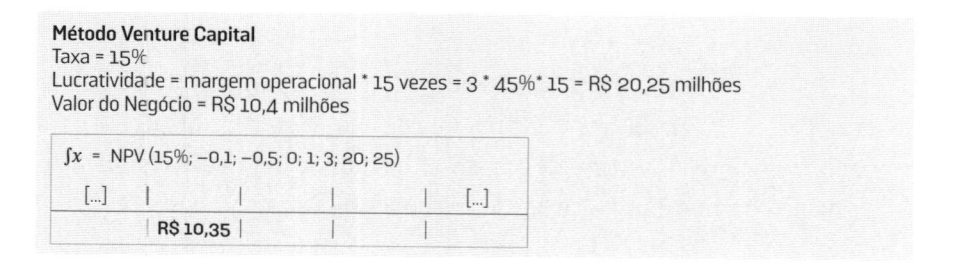

25 A taxa de desconto, também chamada de *taxa de retorno*, pode variar bastante em função do apetite para o risco do investidor, tipicamente de cinco a dez pontos percentuais acima da taxa de retorno de um título de renda fixa (ex.: tesouro direto).
26 A expressão exit se refere ao "ponto de saída" de uma startup, ou seja, a quando ela é vendida.

3. MÉTODO DE FATURAMENTO

Apesar de sua simplicidade, este é o método que mais costumo usar quando preciso de uma análise rápida. Consiste em aplicar um multiplicador sobre o faturamento. Uma boa referência é de sete a dez vezes o valor do faturamento anual. Indústrias mais tradicionais terão um múltiplo entre três e seis vezes e os negócios digitais e escaláveis usarão múltiplos acima de doze.

Como exemplo, vou pegar aquele caso do meu amigo que pensava em montar uma empresa jurídica. Acompanhe os números do negócio que ele tinha em mente:

> **Método Múltiplo de Faturamento**
> Faturamento mensal = R$ 70 a 90 mil
> Faturamento anual = R$ 0,8 a 1,1 milhão
> Múltiplo = 7
> Valor do Negócio = R$ 6 a 8 milhões

Agora que demos uma boa olhada nos métodos que mais uso, você está pronto para estimar na prática quanto vale seu próprio negócio. Experimente!

Eu estava em uma banca de avaliação de uma faculdade, escutando o pitch[27] dos alunos do curso de empreendedorismo. Os grupos tinham desenvolvido soluções inovadoras para resolver problemas nos temas de criptografia, logística e comunicação. A qualidade e a sofisticação dos produtos e serviços me chamaram a atenção, mas na hora de eles pedirem os investimentos percebi algo muito estranho: "Queremos um investimento de R$ 50 mil, por 30% do negócio" ou "Oferecemos 5% da empresa por R$ 165 mil".

Não pude deixar de fazer as contas, usando o Método da Negociação Pura, e perceber a discrepância: eram duas soluções parecidas, no mesmo grau de maturidade, com equipes similares, uma valendo R$ 160 mil e a outra, R$ 3,3 milhões. Aliado a isso, a falta de clareza do que iriam fazer com

---

27 Em termos de empreendedorismo, o pitch é uma apresentação rápida com o objetivo de convencer alguém a financiar um projeto ou uma ideia.

o dinheiro era um fator negativo; também, no primeiro caso, era evidente a inviabilização do cap table.[28]

Para completar esta nossa conversa, vamos ver quanto valeria um negócio desses aplicando o Método do Múltiplo de Faturamento. Seu potencial de faturamento era de R$ 20 a 30 mil por mês no estágio de validação do produto. Podemos usar um múltiplo de cinco e concluir que o valor será algo na faixa de R$ 1 a 2 milhões:

Método: Múltiplo de Faturamento
Faturamento mensal = R$ 20 a 30 mil
Faturamento anual = R$ 0,24 a 0,36 milhões
Múltiplo = 5
Valor do Negócio = R$ 1,2 a 1,8 milhão

Análise de sensibilidade

E então? Está satisfeito em descobrir quanto vale o seu negócio — ou pelo menos de ter uma ideia de quão promissor ele pode ser? Me deixe contar um segredo: não importa quão complexos e completos sejam os cálculos que usemos, dificilmente acertaremos na mosca. Não existe a certeza de precisão milimétrica, de obtermos um resultado primoroso. Mas esse não é o objetivo ao calcular o valor do negócio. O que fizemos até aqui não foi prever o futuro, mas estabelecer uma referência, assim como analistas de bancos de investimento fazem.

Neste momento, você pode estar pensando: "Então qual é a vantagem de realizar esses cálculos complexos se não temos certeza do resultado?". A grande vantagem é que a partir daí você vai ter um excelente ponto de referência para conduzir suas decisões. Esses cálculos vão lhe dar uma excelente ordem de grandeza a respeito do quanto vale o seu negócio. Você pode definir alguns cenários diversificados, fazer as contas do valor do negócio para cada um desses cenários e perceber quão suscetível a diversos

---

28 Cap table: quanto do percentual da empresa fica com os sócios fundadores, ou seja, como está a distribuição de percentuais da empresa em relação aos sócios, ou quão distribuída a empresa está. Na fase de ideação, qualquer valor abaixo dos 90% é percebido como um aspecto negativo.

fatores é o seu negócio. Vai poder avaliar onde é possível atuar e quais seriam os principais resultados a partir de cada alteração que você fizer. Isso se chama *análise de sensibilidade* e é uma das principais ferramentas de aferição dos rumos de seu negócio, para que aumentem suas chances de sucesso.

Para ajudar um pouco mais nas suas avaliações, vá até o link indicado e baixe um template de ferramenta financeira, em Excel:

PRÓXIMA PARADA: ESTAÇÃO MODELO DE NEGÓCIO

Você já conseguiu transformar a essência da sua ideia em um produto que foi validado, já conta com uma equipe e sabe quanto vale a sua startup. Está na hora de arregaçar as mangas e sair fazendo o que é preciso, porque o seu futuro será o que você começar a fazer dele no presente.

Está pronto para escalar? Convido você a repassar agora os pontos primordiais do seu modelo de negócio.

FASE 3

Buscar a força para escalar e mover o mundo

8

Visão 360

Uma empresa sem estratégia está disposta a tentar qualquer coisa.
MICHAEL PORTER

Você está pronto?

Quero convidá-lo a fazer uma avaliação da sua startup, procurando entender quanto já avançou com sua ideia. É importante perceber o que pode dar errado e quais são os principais riscos, identificar pontos cegos e analisar outros elementos vitais para tornar o seu negócio mais robusto.

Agora recomendo que você repasse o caminho percorrido até então, verificando tudo o que já construiu. Dessa maneira, é possível perceber se existe alguma lacuna ou se há a possibilidade de alguma coisa dar errado. A partir dessa análise, ao identificar eventuais pontos cegos, você poderá providenciar as correções necessárias para que o seu negócio fique muito mais consistente e tenha maiores chances de sucesso.

Para tanto, vamos rever:

1. O caminho percorrido, repassando tudo, verificando se não ficou faltando nada até agora.
2. O ponto ao qual chegamos, avaliando como ficou a proposição de valor desse novo modelo de negócio.
3. Para onde vamos, entendendo o que pode ser feito para mitigar riscos futuros.

O CAMINHO PERCORRIDO

O primeiro ponto a verificar é se o seu produto ou serviço atende ao básico. Feito isso, vamos nos aprofundar nos aspectos mais relevantes do negócio. Nossa primeira rodada de perguntas está diretamente relacionada com os seis últimos passos que demos até aqui. Vamos lá:

Quem é a persona?

Nesse ponto você já deve ter bem clara esta informação: a quem sua startup vai entregar um produto ou serviço? Não me refiro apenas à descrição da persona, mas ao que ela pensa e almeja e a quais são as dores dela que a sua solução deve apaziguar, além dos benefícios que essa persona pode conquistar. Essa dor da persona tem que ser relevante o suficiente para que ela esteja clamando pela transformação — mesmo que ainda não saiba disso.

Existe demanda pelo produto?

A necessidade do mercado precisa estar clara; o público-alvo, com um tamanho bem definido: ele precisa ser grande o suficiente para ser escalado e se tornar atrativo. É importante lembrar que o processo de montar, vender e validar o produto tem que ser feito efetivamente com um cliente pagante. Nesse ponto pode-se aferir quão fácil — ou difícil — é vender o produto e quanto de valor as pessoas enxergam nessa transformação.

A persona ficou satisfeita com a solução?

É muito importante avaliar cada funcionalidade do produto ao longo da jornada de validação, entendendo quanto o cliente ficou satisfeito com a transformação, o que poderia ter sido feito melhor e se era disso mesmo que a persona precisava.

Os canais de venda e distribuição foram validados?

Mapear e testar potenciais canais de venda e distribuição são passos vitais no processo. É preciso entender quais são as melhores formas de adquirir novos clientes e de entregar o produto, sabendo o que é necessário para escalar de forma sustentável.

Quanto custa adquirir um cliente?

Apesar de estarmos ainda no início do processo, é muito importante já começar a metrificar quanto vale um cliente e qual é o esforço necessário para conquistá-lo (LTV e CAC). No custo de aquisição do cliente, considerar quanto tempo se investe na prospecção e quanto dinheiro é empregado. Na estimativa do valor do cliente, é fundamental avaliar a expectativa de recorrência, o potencial de venda cruzada e também projetar a taxa de *Churn*.[29]

Está preparado para escalar?
Entenda em que medida é possível vender, distribuir e entregar os produtos de forma automática e recorrente. É necessário avaliar se falta algum requisito para escalar. Também é importante estimar quais seriam os investimentos necessários para mudar de patamar de crescimento.

Você tem uma equipe que atende às principais funções?
Avaliar quais seriam os responsáveis por liderar vendas, tecnologia, operação ou finanças. É fundamental entender se cada um desses gestores reúne o conhecimento necessário e perceber que eventuais capacitações seriam fundamentais.

Qual o valor do negócio?
É hora também de ter uma primeira noção de quanto o negócio vale hoje e de quanto pode valer daqui a um ano, certificando-se de que ele vai atender aos seus propósitos financeiros e ao seu objetivo de vida. Sugiro fazer o seguinte cálculo: pegue a conta que diz quanto seu negócio valerá daqui a um ano e divida esse valor por 365 dias. Quer saber o significado desse número e por que ele é tão importante? Esse valor calculado representa quanto lhe custa cada dia que você não avança em direção à realização do seu sonho.

AONDE VOCÊ CHEGOU
O que foi criado? Como ficou a sua startup? Como você vai apresentar a sua startup para as pessoas? Qual é o grande diferencial que o seu negócio tem?

Agora que a sua startup está pronta e você tem a primeira versão do produto, vamos entender em qual modelo ela se encaixa melhor. Vamos

---

29 *Churn*: taxa de atrito da base de clientes; percentagem de clientes perdidos por mês.

entender também como fortalecer a sua ideia, evidenciando o potencial do negócio. Para tanto, avalie os quesitos a seguir e descubra onde o seu negócio se insere:

- Mudança da relação econômica ao longo da cadeia produtiva — a sua startup consegue dominar algum elo ao longo da cadeia de valor? Quando você pensa nesses termos, em que cenário seu negócio tem dominância? Você tem um produto tipicamente vencedor? Seu produto proporciona alguma mudança econômica na cadeia produtiva?
- Diversificação das fontes de receita — seu produto diversifica as fontes de receita? Ele cria fontes de receita que não existiam antes? É inovador na questão de fontes de receita?
- Novos modelos de distribuição — a sua startup basicamente pega um produto tradicional e o distribui de forma totalmente diferente?
- Modelo baseado em alavancar ativos e conhecimentos existentes — a sua startup é agregadora de mercado? Com ela você consegue fazer uma curadoria e alavancar um marketplace, unindo quem está oferecendo um serviço e quem está querendo comprar aquele serviço, sendo você um grande intermediador?
- Posicionamento de mercado — a sua startup promoveu um posicionamento de mercado? Como você se reposicionou e ocupou um espaço em um mercado que já existia?

É preciso pensar um pouco sobre cada um dos modelos anteriores e entender onde seu negócio atua com mais força e como ele vai se comunicar com o mercado.

Depois de passar por esses pontos, se perceber que algo não está se encaixando, avalie o que você pode fazer para a sua startup ser mais inovadora e seguir na direção que você deseja.

A seguir vamos explorar um pouco mais esses temas, a fim de que você tenha uma base mais sólida para fazer a avaliação do seu negócio, do seu produto ou serviço.

Mudança da relação econômica ao longo da cadeia produtiva

No mundo atual, quem detém a excelência na relação com o cliente domina toda a cadeia de valor. Pode ser uma commodity com pouquíssimo diferencial, como uma xícara de café, ou um serviço altamente especializado, como a assessoria financeira para grandes fortunas. A inovação, nesses casos, estará no reposicionamento ao longo da cadeia.

Investir na bolsa, há alguns anos, era caro e difícil. O cadastro em uma corretora era para poucos afortunados, e a cada transação um bom naco dos ganhos era detido por taxas e comissões. Se você não tivesse um patrimônio relativamente grande, dificilmente receberia algum tipo de assessoria. Hoje existem centenas de influencers ensinando educação financeira, dezenas de plataformas de assessoria nessa área; as corretoras digitais não cobram taxas nem tarifas. Hoje uma empresa como a XP vale mais do que qualquer banco de médio porte.

Outro exemplo são as fintechs que operam transferência de moedas para outros países. Quem já teve o dissabor de realizar uma operação de câmbio por meio de um banco tradicional sabe do que estou falando: muita burocracia, prazo longo (de semanas), várias tarifas e uma taxa de câmbio bastante desfavorável para quem estiver comprando ou vendendo. Hoje em dia, via fintechs, pequenos montantes podem ser transferidos no mesmo dia, por um câmbio justo e uma tarifa aceitável.

Esse conceito vale para qualquer produto. Lembro de que há vinte anos, quando eu acordava com uma vontade louca de tomar um café *espresso*, tinha que descer até o bar da esquina para satisfazer o meu vício. Até me arrisquei a comprar um moedor e uma máquina de café *espresso*, com 15 bares[30] de pressão. Tinham dito que seria igual, mas rapidamente descobri que não só o gosto como a experiência eram piores. Era preciso escolher uma boa marca de grãos de café, guardá-los na geladeira para conservar o aroma, moer o café na hora, colocar a dose certa, trocar as borrachas da máquina periodicamente e manter tudo sempre muito limpo. Tinha até um glamour, mas na verdade dava muito trabalho para o resultado que eu queria. Hoje, com

---

30 O bar é uma unidade métrica de pressão.

as cápsulas da Nespresso, faço um café melhor do que o do bar da esquina. O mais interessante é que, se você reparar, o preço da máquina de café é barato, subsidiado, pois eles ganham, na verdade, com o refil das cápsulas. Podemos dizer que é o mesmo café do bar ou da minha antiga máquina, ou até mesmo melhor, simplesmente encapsulado de maneira prática e eficaz.

Diversificação das fontes de receita

Outra forma de inovar está na diversificação das fontes de receita. Uma das estratégias é, por exemplo, oferecer o tradicional praticamente de graça, servindo de alavanca para aumentar a base de clientes, para depois introduzir novos serviços.

Quem se lembra de quando surgiu o Mercado Livre, em pleno boom da internet? Na época era um site de comércio eletrônico, permitindo a compra e venda de produtos com relativa segurança. De plataforma de anúncios e de intermediação de vendas, o site passou a oferecer serviços adicionais, além de fazer a curadoria, ranqueando os melhores fornecedores e clientes. Ao longo do tempo, o Mercado Livre foi percebendo a importância do sistema de pagamento e do acesso ao crédito, fortalecendo sua oferta de serviços nesse segmento. Hoje são diversos negócios além do marketplace original: Mercado Pago, o braço financeiro; Mercado Envio, o braço de logística; Mercado Shops, tecnologia de e-commerce; Mercado Livre Publicidade, marketing digital.

Outro exemplo: em meio a inúmeras escolas de idiomas, surgiu o Duolingo, uma plataforma que não só gamificou[31] o conceito de ensino de línguas estrangeiras como ofereceu isso de graça. Com a gamificação, a empresa usa mecânicas e características de jogos para engajar, motivar comportamentos e facilitar o aprendizado das pessoas, tornando os estudos mais atrativos. Um estudo da University of South Carolina e da City University of New York indicou que 38 horas no aplicativo equivalem a um semestre de estudo tradicional. Mas neste momento você deve estar se

---

31 Gamificar: metodologia ativa da área da educação que consiste em usar técnicas de jogos para promover o aprendizado.

perguntando o que eles ganham com isso. É bem simples: a versão grátis do aplicativo é subsidiada por meio de anúncios, e existe também a possibilidade de adquirir a versão paga, sem anúncios, que permite avançar mais rápido. Mas a grande "sacada" do modelo de receita nesse caso foi a execução e a venda de certificação à distância: você faz um teste on-line e uma entrevista em vídeo, onde e quando quiser, e essa certificação é aceita por mais de três mil instituições de ensino, do Afeganistão ao Vietnã.

Novos modelos de distribuição

O seu diferencial, o seu maior valor agregado, pode estar exatamente no seu modelo de distribuição. Isso acontece quando você sai do lugar-comum e oferece ao seu cliente algo que os outros não têm. Se observarmos a Netflix, o iTunes e a Amazon, por exemplo, vamos perceber que são modelos nos quais se inovou na distribuição.

Mas como você pode inovar em termos de distribuição? Como pode distribuir alguma coisa de um modo especial? As possibilidades são infinitas. Pense, por exemplo, em fazer assinaturas de produtos, como remédios de uso contínuo ou anticoncepcionais. O cliente pode assinar o serviço e receber os medicamentos em casa todos os meses, com embalagens na quantidade correta e um sistema de controle para não esquecer de tomar o remédio. Assim você traz comodidade e diferenciação num processo que passa a ser mais simples e mais tranquilo.

Você pode pensar em oferecer aos seus clientes assinaturas de compras de supermercado. Quando o cliente já sabe de algumas coisas que consome regularmente e na mesma quantidade, com o mesmo padrão, ele pode receber aqueles produtos em casa todos os meses. É claro que o cliente sempre poderá ir ao supermercado para ver alguma novidade, mas o abastecimento do mês ele já terá resolvido.

Vamos analisar um pouco mais alguns casos em que se inovou de forma extraordinária na distribuição:

- Como já mencionei, a Netflix inicialmente era na verdade uma solução para alugar filmes. Eles mandavam o DVD para a casa do cliente, que assistia e devolvia. Depois evoluíram para o sistema de streaming e passaram a transmitir o filme diretamente para o cliente. E isso foi uma coisa revolucionária, que hoje se tornou um padrão. O cliente conta com um leque de títulos disponíveis e pode assistir ao filme que quiser, na hora em que preferir.

- Outro caso genial: iTunes. A pergunta que fizeram foi: Por que o cliente tem que comprar um CD com dez ou quinze músicas se ele quer escutar apenas uma delas? Por que ele não pode comprar somente a música que quer, em vez de comprar o CD completo? Fizeram os acordos necessários e o iTunes passou a distribuir cada música de modo independente. E ainda deu ao cliente a comodidade de colocar todas as músicas que ele gosta em um só lugar, em uma lista, para que possa ouvir na sequência que quiser.
- A Amazon começou com a venda e a distribuição de livros e depois expandiu seu negócio para todo tipo de produto. E o que eles fazem hoje? Você não paga pelo frete na maioria das vezes, e eles têm uma gama enorme de produtos, com preços normalmente mais baixos que na concorrência.

Modelo baseado em alavancar ativos e conhecimentos existentes

Nesse caso, trabalhamos com modelos que agregam valor mutuamente para todos os envolvidos, mas sem ter que investir em ativo ou em conteúdo — tanto o ativo como o conteúdo são fornecidos pelas pessoas que estão nas outras pontas do processo.

Em síntese, passamos a criar mercados que não detêm nenhuma das duas pontas, mas facilitam e proporcionam um relacionamento entre as partes interessadas. Normalmente, só temos as alavancas que vão fomentar negócios e estimular as outras partes a gerar ativos, a gerar conhecimento, visando sempre fornecer ao cliente um tipo diferenciado de experiência ou valor.

O Airbnb, por exemplo, hoje vale mais do que qualquer outra rede de hotel. É o maior negócio de hospedagem do mundo, e eles não têm um único quarto de hotel. Tudo é de outras pessoas. Com a Uber é a mesma coisa: os donos dos táxis, ou dos carros, são os próprios motoristas. A Uber, na verdade, é só uma plataforma que faz a curadoria do processo: seleciona os motoristas, verifica a qualidade do serviço prestado, avalia os passageiros, centraliza os pagamentos e facilita os processos de modo geral. A Uber também diz aos motoristas em que região da cidade devem ficar, porque ali existe maior demanda; com isso, favorece seus parceiros de negócios, além de prestigiar o passageiro, pois isso significa que o carro chegará mais rápido ao local onde o cliente estiver.

Concentre-se em algo que tenha alto valor para outra pessoa, imaginando qual seria o produto ideal para o seu cliente. Seja realmente rigoroso ao fazer essa avaliação, porque a tendência humana natural é basear-se cegamente nos seus próprios filtros.

Posicionamento de mercado

São vários os exemplos que temos de posicionamento (ou reposicionamento) de produto ou serviço no mercado. Temos iFood, Netflix, Airbnb e tantos outros. Essas empresas se posicionaram no seu segmento específico e conseguiram a liderança do mercado. Deverão surgir novos concorrentes para elas? Com certeza. Como exemplos, temos Amazon Prime e Disney Plus, no caso de streaming de vídeo. Mas para se posicionarem nesses segmentos os concorrentes precisam ou vão precisar pagar um custo muito mais alto, e só terão alguma vantagem entre o público-alvo se oferecerem também outros diferenciais.

PARA ONDE VAMOS

Seguindo com a avaliação da sua startup, de modo a entender e ajustar alguns dos passos que você já deu, se necessário, para tornar o negócio mais robusto, vamos olhar para a frente, para o lugar ao qual você almeja chegar, e identificar eventuais riscos. Convido você a mergulhar nos vários aspectos do seu negócio e a descobrir o que pode destruir o valor dele no futuro.

É importante compreender que neste momento não precisamos atender tudo o que propomos entregar para o cliente daqui para a frente. Mas é fundamental começar a jornada com a mente voltada para perceber quais são nossos pontos cegos. Precisamos ter clara a visão de quais são os pontos em que precisamos trabalhar mais e o que foi menos desenvolvido até agora, apesar de já termos um produto inicial e de já termos montado alguma coisa que possa ser entregue ao cliente.

Primeiro ponto: o seu diferencial

Quando falamos em *diferencial* de produto ou serviço, falamos na realidade é de potencial para crescer, para inovar. É preciso aceitar que o crescimento baseado na inovação é absolutamente crítico e que as metas e responsabilidades refletem isso. Estamos falando de visão e modelo claros de inovação, contribuição da inovação para o crescimento necessário, metas e responsabilidades disseminadas.

A primeira coisa que precisamos saber é o quanto o negócio fala com você. Quanto isso tem a ver com a sua vida? O negócio tem sinergia com o que você gosta, com o seu propósito? Depois é preciso avaliar o quanto você se identifica com esse mercado de atuação. E precisamos ver qual é a sua experiência no setor e em que medida ela pode ajudar a criar esse negócio. Quanto você agrega ao negócio, em termos de conhecimento técnico, experiência e rede de contatos?

Sua aspiração precisa ser clara. O que você espera com esse negócio? Qual é o seu objetivo com ele?

- É criar uma **startup business** e a partir daí escalar, ou seja, crescer de forma brutal, de modo a revolucionar o mundo?
- É criar um **lifestyle business**, um negócio que não precisa crescer tanto, mas que vai ser sua nova ocupação? Pode ser uma alternativa à qual se entregar, para trabalhar fazendo algo diferente do que fazia antes, numa área da qual você gosta e com a qual tem grande afinidade. Isso vai ocupar sua vida daqui para a frente, mas talvez não de modo tão intenso quanto se estivesse fazendo uma startup para crescer rapidamente.
- É criar um **side business**, uma atividade paralela, que é quase um hobby, que pode gerar um pouco de receita, mas que não muda muito o que você já faz da vida?

Levando tudo isso em consideração, é possível definir a sua atuação por meio da sua superação, o seu "para onde ir" e a medida do seu desenvolvimento. A partir daí, é possível moldar o diferencial do que você quer fazer acontecer no mundo com seu negócio, produto ou serviço.

Segundo ponto: o seu negócio

Precisamos analisar alguns insights acionáveis e diferenciados sobre negócios, mercado e tecnologia que se traduzem em propostas de valor vencedoras, como orientação ao cliente, ampla geração de insights e proposta de valor diferenciada.

Devemos avaliar a proposta de valor do seu negócio. Quais são os outros produtos e serviços da concorrência que, de alguma forma, podem ser até muito diferentes do que você está se propondo a entregar e que também resolvem essa dor da sua persona? Qual é o tipo de inovação que você está trazendo? Como você vê isso dentro do mercado? Como o seu negócio deverá evoluir ao longo dos próximos anos?

Para poder prosseguir, é preciso ter clareza sobre todos esses pontos.

Terceiro ponto: o seu produto

É preciso ter ainda mais alguns cuidados especiais com a sua startup: investir em oferta coerente e equilibrada, com os recursos necessários; manter sempre à vista e claros temas de inovação, rigorosa governança e priorização do foco; gerenciar recursos de modo a que sejam suficientes, alinhando-os e equilibrando-os ao longo do tempo; manter sempre em foco o gerenciamento dos riscos. Neste ponto, precisamos analisar o produto dentro de uma visão de longo prazo. Temos que pensar em suas funcionalidades e nas inovações requeridas.

Temos que pensar também no longo prazo. Como vai ser esse produto no decorrer do tempo? O que você precisará agregar a esse produto? O que precisará fazer para a sua oferta se tornar algo coerente e equilibrado? O que será preciso trazer de inovação e de funcionalidade? O que mais vai precisar oferecer ao cliente? Quais são os recursos de que precisará para isso? Como vai montar toda essa estrutura?

Uma vez que estamos falando de escalar e de crescer muito, provavelmente vamos precisar de tecnologia (pode ser um hardware, um software, um site), além de um conhecimento específico ou até mesmo um conhecimento proprietário. E surgem novas questões a analisar: Onde está essa tecnologia, ou como ela vai ser desenvolvida? Como isso vai evoluir? Vamos ter tecnologia própria nesse momento? O que é preciso para internalizar essa tecnologia, para torná-la própria do negócio, e não algo externo?

Outro ponto a analisar: Quais são os produtos dos concorrentes que poderão surgir e fazer frente ao seu produto, resolvendo a mesma dor do cliente?

Precisamos ter a visão da tendência do nosso negócio no tempo. É necessário avaliar para onde estamos indo e avançar de forma ordenada, mas focando sempre a essência da ideia. E devemos seguir agregando gradativamente complexidade, qualidade e valor ao nosso produto ou serviço, dentro de uma visão de evolução do negócio com o tempo.

Quarto ponto: as suas finanças

Precisamos pensar na possibilidade de criar novos modelos de negócio que forneçam fontes de lucro robustas e escalonáveis. É importante manter em foco as mudanças dos economics da cadeia de valor, a diversificação dos fluxos de lucro, além dos novos modelos de entrega.

Outro ponto fundamental é a questão financeira. Como está a sua projeção financeira? É bom lembrar que um negócio pode estar apoiado em um de dois grandes aspectos:

1. Gerar lucratividade, gerar rentabilidade. É preciso pensar em termos de fazer vendas, ter lucro, pagar dividendos e pró-labores.
2. Rodar sem preocupação com rentabilidade, e muitas vezes atuar até no "elas por elas", com balanço zero, ou mesmo no negativo, mas sempre visando que o crescimento da empresa gere muito valor. Esse é o jogo do *equity*, conforme já expliquei.

Independentemente de qual modelo você use, é preciso saber a origem da receita. Onde o seu negócio se insere quando olhamos para a cadeia de valor? Dentro dessa cadeia de valor, qual é a mudança que ele traz? De onde você extrai valor e como distribui esse valor?

Precisamos olhar basicamente para duas dimensões fundamentais:

A *primeira dimensão* é a da projeção financeira. A projeção financeira passa por uma análise a respeito do quanto a receita está crescendo. Pode ser a receita bruta ou a receita recorrente, que é basicamente relativa ao crescimento dos usuários. Outro ponto a ser verificado é o valor e a evolução do tíquete médio dos usuários. Quanto de receita temos a cada venda?

Logicamente também temos de avaliar e levar em consideração a situação em que o número de usuários não seja o mesmo do número de clientes — essa é uma informação importante para montarmos uma estratégia de crescimento das vendas. Também devemos considerar a possibilidade de estarmos perdendo clientes — o chamado *Churn* — e, se for o caso, descobrir por que isso está acontecendo.

Em alguns modelos de negócios oferecemos uma degustação do produto, para só depois ativarmos esse cliente, ou para promovermos o aumento do consumo e de tíquete médio, usando essa taxa de ativação.

Quando combinamos todos esses aspectos, chegamos a duas grandes métricas: o CAC, ou quanto custa para trazer cada cliente, e o LTV, que é quanto vale esse cliente ao longo do tempo.

Com isso, cobrimos todos os principais pontos de análise da nossa projeção financeira.

A *segunda dimensão* é a margem de lucro. Se estamos focando o lucro, qual é a margem com que estamos operando? Se olharmos para diversos negócios, veremos que é possível operar em faixas bastante distintas. Por exemplo, no varejo tradicional eles trabalham com uma margem em torno de 3 a 5%. Se pegarmos como referência um negócio mais arrojado, estaremos falando de margens entre 20 e 30%. A pergunta a que temos de responder é: Onde vamos atuar e qual vai ser a margem de lucro desse negócio?

Ainda nessa linha, precisamos saber qual retorno teremos. Quanto vamos ter de retorno para cada real investido no negócio?

Devemos também ter uma visão de consumo de caixa. Qual é o gasto médio mensal para operarmos? Com base nisso e no dinheiro que temos em caixa, quanto tempo vamos levar para consumir todo esse dinheiro?

Com essa visão de projeção financeira e com a análise do custo de aquisição e de quanto vale o cliente, podemos ter uma perspectiva do montante que vamos precisar inserir no negócio e de quanto teremos de retorno. Dependendo de quanto temos de dinheiro reservado para operar, também saberemos quanto tempo poderemos atuar no nosso negócio.

Quando temos uma boa visão das finanças e dos próximos passos que vamos dar, podemos buscar investidores para viabilizar o negócio e até mesmo para acelerar o crescimento.

Quinto ponto: a sua estrutura do negócio

Precisamos manter os colaboradores motivados, recompensados e organizados, para inovar repetidamente. Isso inclui elementos como ordens claras e incentivos alinhados, além de uma cultura de apoio à experimentação e de uma organização adaptável e colaborativa.

O quinto bloco do checklist trata da estrutura do seu negócio, da empresa propriamente dita. Podemos começar nos questionando sobre temas como: Quantos colaboradores temos? Nossos colaboradores estão motivados? Eles estão alinhados na mesma direção? Têm incentivos para fazer o negócio acontecer?

Em seguida, precisamos analisar como é a cultura da empresa. Quão comprometidas as pessoas estão? Elas estão focadas em gerar o sucesso do negócio?

Em termos de organograma, como o negócio está estruturado? Quem é responsável pelo quê? Você tem pessoas nas principais atribuições? Tem pessoas olhando para a área de conteúdo, de prestação de serviço, para os detalhes e processos que de fato estão entregando a transformação para o cliente? Você tem pessoas cuidando da parte de vendas, do marketing, da tração do negócio? Tem pessoas focadas em fazer o negócio crescer e se desenvolver? Tem alguém que olha toda a parte de tecnologia, todo o backoffice operacional? E a estrutura transversal (contabilidade, jurídico, finanças etc.)?

Enfim, precisamos ter a certeza de que, quando estivermos escalando, teremos à nossa disposição toda a estrutura básica necessária para efetivamente crescer.

Além de tudo isso, precisaremos de advisors — conselheiros e outros profissionais que vão ajudar a avançar de forma mais rápida, orientando para que não cometamos erros básicos, poupando-nos de pegar os caminhos mais longos e tortuosos.

Finalmente, teremos que pensar sobre como o nosso negócio está estruturado em termos de política. Os sócios têm um acordo com os envolvidos na empresa para tratar da questão de conflitos de interesses? Quem está em tempo integral no negócio e quem tem dedicação apenas parcial? Quem lida com as informações críticas? Quais são os acordos de confidencialidade?

E agora uma pergunta também muito importante para você avaliar o seu negócio: como está o cap table? Quantos por cento do negócio estão nas mãos das pessoas que estão em tempo integral tocando a empresa?

Sexto ponto: a sua empresa

O próximo aspecto que devemos considerar é o da própria empresa. É fundamental se diferenciar da concorrência, com desenvolvimento e lançamento de inovações rápidas e eficazes. Para tanto, são necessários um planejamento e uma execução rigorosos, equipes e cultura multifuncionais, além de aprendizado baseado no mercado e no cliente. A empresa deve ter clareza sobre quem ela é e sobre seu papel na sociedade e no mercado como um todo.

É importante termos bem estabelecido como a empresa se posiciona, o que ela almeja, o que ela quer ser em termos de visão e missão, qual é a transformação que ela quer imprimir no mundo. Precisamos ter uma frase que explique a empresa de maneira direta e objetiva. Por exemplo, a LegalBot quer "democratizar o acesso à inteligência regulatória". Veja outros exemplos:

- Nike: "Trazer inspiração e inovação para cada atleta do mundo".
- Apple: "Mudar o mundo e a forma como as pessoas se comunicam".
- Havaianas: "Levar a alegria de viver do brasileiro".
- Disney: "Fazer as pessoas felizes".
- Tesla: "Acelerar a transição mundial para o transporte sustentável".
- Google: "Organizar a informação mundial e torná-la universalmente acessível e útil".
- Dove: "Criar um mundo onde beleza seja uma fonte de confiança e não de ansiedade".
- Red Bull: "Revitalizar corpo e mente".

O ponto-chave é definir como a startup quer se diferenciar da concorrência. Como ela quer inovar? Qual aspecto vai mostrar a diferença entre essa empresa e as outras?

Precisamos pensar em alguns assuntos, como: Qual é o posicionamento da startup? Qual é sua visão? E sua missão? Além dessa área, que condiz mais com o propósito, precisamos analisar as formalidades do negócio: a empresa já existe, com CNPJ? Há um contrato social? As atas de reunião estão sendo confeccionadas? Os acordos entre os sócios e entre os investidores estão formalizados? É necessário ter atas de reuniões (registradas ou não), um contrato social (ou qualquer outro ato constitutivo) e um contrato de investimentos. Precisamos ter a documentação adequada, pronta e disponível para dirimir quaisquer dúvidas que surgirem.

Sétimo ponto: os ofensores

É fundamental e importante avaliar os riscos em potencial do negócio — os possíveis ofensores que podem interferir nos planos de crescimento ou mesmo na estabilidade do negócio, e até atrapalhá-los. Precisamos ter em vista a viabilidade, o potencial para escalar, o potencial de alavancagem, as mudanças e as inovações nos mercados.

O que pode destruir a minha startup? — essa é uma pergunta que devemos nos fazer com frequência, avaliando com carinho todas as possíveis respostas. É um ponto crucial ao qual devemos estar atentos logo no início, para não cometer erros que podem nos custar muito caro.

Você precisa pensar em tudo o que pode ser ofensor ao seu negócio, como: O que pode impedi-lo de entrar no mercado? Talvez um competidor, ou uma tecnologia, ou alguma legislação, possa pôr por terra os seus planos. O que pode impedir você de escalar o negócio, de crescer com ele? Quais são as grandes mudanças que podem criar uma ruptura no negócio? Pode ser uma mudança tecnológica ou alguma alteração regulatória? Tudo isso deve ser pensado já no início de seu empreendimento. Entender os riscos que envolvem seu negócio é fundamental.

Lembro que há vários anos as empresas de processamento de cartão de crédito desfrutavam de certa proteção de mercado, que se resumia ao fato de que cada maquininha leitora de cartão só podia passar aquele cartão exclusivo da sua marca. Assim, a máquina da Visa só lia cartão Visa, a máquina da Mastercard só lia o cartão Master, e assim por diante. Com isso, havia uma barreira muito forte que impedia a entrada nesse setor para algumas marcas.

Quando houve uma mudança de regulamentação, todos foram obrigados a trabalhar com a portabilidade do cartão de crédito, para uso em qualquer máquina. Isso abriu o mercado para vários players menores voltados para os meios de pagamento. Isso é o que temos hoje no mercado. Essa mudança nas regras do jogo teve um impacto grande no valor de cada uma dessas empresas.

Para entender os riscos a que seu negócio está sendo submetido, é preciso olhar para as várias dimensões do empreendimento. É necessário fazer a si mesmo perguntas do tipo:

- Quais são os nossos passivos tributários? Estamos pagando nossos impostos corretamente? Temos a certeza de que não estamos gerando nenhum problema fiscal?
- Quais são os nossos passivos trabalhistas, principalmente no caso de atuarmos como pessoas jurídicas? A maneira como contratamos fornecedores poderia estar trazendo algum risco desnecessário para o negócio?
- Quanto aos sócios atuais e aos antigos, o quanto foi bem resolvido e formalizado cada ponto da relação? É muito comum começar com sócios dedicados informalmente ao negócio e depois ter de fazer toda a formalização desse processo.
- Com relação à propriedade intelectual, precisamos registrar uma patente, uma marca, um logo? O nome da empresa está protegido?
- Para atuar nesse segmento, precisamos de alguma licença especial, alguma autorização, um alvará? Temos essas licenças para funcionar?
- Há alguma ação judicial envolvendo um dos sócios?

O entendimento de todos esses aspectos é fundamental, a fim de termos certeza de que não estamos atuando com base em uma prática que lá na frente pode derrubar muito o valor do nosso negócio.

PRÓXIMA PARADA: ESTAÇÃO A MENTE DO INVESTIDOR

Estamos prontos. Passamos por todos os aspectos, aprofundando cada um dos tópicos. Os pontos cegos ficaram claros, algumas mudanças ficaram evidentes, alguns ajustes se mostraram necessários.

Com isso podemos montar um plano para avançar na direção de termos um negócio mais sólido, mais robusto, mais aderente, com menos riscos e que possa crescer e evoluir mais rapidamente.

Agora temos que saber vender esse plano. Precisamos dourar a pílula, a fim de atrair compradores e investidores para o nosso negócio. Para isso, inicialmente é necessário definir se a nossa necessidade é de investimento em dinheiro, em networking, em conhecimento ou em outro elemento de base fundamental.

Em relação aos prováveis investidores, devemos nos fazer as seguintes perguntas: Com o que a pessoa que vai investir se preocupa? O que ela vai olhar para decidir se investe ou não no nosso negócio?

Uma vez que montamos um plano robusto, já que queremos que o nosso negócio cresça de forma resiliente, agora é preciso ressaltar alguns pontos, levando em conta como o investidor pensa, e passar a ele a mensagem certa, com clareza e de maneira que se torne interessante aos seus olhos. Devemos ressaltar aquilo que é mais importante para quem vai provavelmente investir conosco nesse negócio e nos ajudar a levar esse empreendimento para um próximo patamar.

Fique atento porque, na nossa próxima parada, a estação "A mente do investidor", vamos mergulhar no modo de pensar dos investidores e descobrir como eles raciocinam, o que é importante para eles e o que podemos lhes oferecer que esteja de acordo com seus desejos e necessidades.

9

A mente do investidor

As empresas que farão sucesso daqui a cinco, dez ou vinte anos estão sendo criadas hoje.

JOÃO KEPLER

PARA QUE UM INVESTIDOR?

Você criou um produto, montou um plano de negócios sólido e já tem o seu modelo bem definido. Agora, só precisa achar um investidor que queira apoiar o seu projeto, correto? Errado.

É muito importante compreender que a gente não procura investidores. A gente escolhe. Em outras palavras, quem seleciona o investidor é o empreendedor, e não o contrário.

A primeira coisa da qual temos de lembrar quando escolhemos um investidor é que essa será uma relação de longo prazo. Estamos falando de cinco a dez anos. Em certos casos, é uma parceria mais longa do que muitos casamentos, o que significa que é preciso haver sintonia entre ambos.

Para haver esse equilíbrio, para que haja harmonia nessa relação, antes é preciso entender como funciona a mente de um investidor. Precisamos varrer e mapear o modo de pensar de quem poderia mergulhar nessa jornada conosco: vamos entender quais pontos são relevantes para ambos os lados, o que faz sentido em nossas considerações, com quem queremos estar nos relacionando, o que queremos extrair dessa parceria.

Para tornar essa união útil, produtiva, gerando os resultados buscados, existem questões que devem ser esclarecidas, e uma das principais é: Para que a parceria vai servir? O que devemos buscar nesse acordo de interesses? A primeira pergunta que devemos nos fazer é:

Para que precisamos de um investidor?

Talvez você precise que o investidor coloque dinheiro no negócio, para que possa escalar as atividades e os resultados. Pode ser que precise de um investidor que traga determinados conhecimentos e experiências que você não tem, mas dos quais vai precisar para avançar no desenvolvimento do negócio ou para resolver algum problema específico.

Existem muitas razões pelas quais podemos precisar de um investidor, e devemos conhecê-las, a fim de escolhermos a pessoa correta para estar conosco nessa jornada.

Nosso objetivo neste tópico é mergulhar fundo para entender quem é o investidor, como ele pensa e como poderá contribuir para o nosso negócio.

INVESTIDORES: QUEM SÃO, ONDE VIVEM, DE QUE SE ALIMENTAM?

Quando eu era criança, costumava assistir a um programa de reportagens em que, diante da pauta que apresentava os personagens da matéria, o apresentador perguntava, sequencialmente: "Quem são, onde vivem, de que se alimentam?". Pois bem, conhecer o investidor é algo que carrega um pouco dessa ideia. É mergulhar fundo no seu habitat, para entender sua mente e seu modo de agir e de se comportar.

O primeiro passo é saber quais são os tipos de investidores que existem e como cada um deles pode se organizar. Elaborei uma lista, classificando os investidores em cinco tipos:

1. Pode ser alguém da família ou amigos.
2. Pode ser um empresário.
3. Pode ser um investidor-anjo.[32]
4. Pode ser um financiamento via mercado (a partir da própria venda para o cliente).
5. Pode ser um Venture Capital.

A escolha do tipo de investidor vai depender do objetivo que temos no momento. Por exemplo: se só temos a ideia, é possível nos relacionarmos com

32 Investidor-anjo, usualmente, é um empreendedor, empresário ou executivo de sucesso com recursos para investir em novos negócios, além de usar sua experiência para apoiar a nova empresa.

nossa família, com as pessoas próximas que podem investir na nossa ideia. Se queremos desenvolver um produto que tem relação forte com algum negócio, com algum setor específico — como um insumo agrícola que pode ajudar determinada indústria, ou um sensor que pode melhorar o desempenho de um equipamento se a ele acoplado —, precisamos procurar uma empresa que tenha algum interesse nisso. Nesses casos, podemos nos aliar a um empresário que tenha interesse em investir nesse negócio.

Quando o produto já estiver validado — e aqui me refiro àquela etapa de que falamos —, uma possível alternativa interessante seria o investidor-anjo.

Se temos um produto pronto, com um custo de aquisição baixo e que já pode ser vendido com algum lucro, ele se autofinancia. Nesse caso, em vez de buscar investidores, pode-se utilizar o dinheiro proveniente das vendas para crescer.[33] Dessa maneira, é o cliente que financia o nosso negócio.

Quando o produto está validado, com *Product-Market Fit*, já sabemos exatamente qual é o nosso canal de distribuição e como fazemos para crescer. Nesse caso, procuramos um Venture Capital para fazer esse investimento.

Outra perspectiva importante é entender de que forma esses investidores estão agregados. Temos:

- Investidor direto: uma pessoa que vai fazer o investimento diretamente no nosso negócio.
- Grupos de investidores: vários interessados investem em conjunto — por exemplo, Anjos do Brasil, Urca Angels, Gávea Angels ou BR Angels.
- Pools: muito parecidos com os grupos, mas com gestão centralizada. O Bossa Nova é um bom exemplo de Pool.
- Fundos: neles é possível captar recursos. Nesse caso, a participação dos investidores é bem pulverizada. A vantagem é que o investidor pode participar do negócio, mesmo com um tíquete

---

33 Conhecido também por *bootstrapping*, é o processo de começar uma empresa do zero, sem ajuda financeira externa, contando apenas com as próprias economias ou com a renda das primeiras vendas.

baixo; porém, eles quase acabam não tendo contato direto com as empresas investidas.

- Financiamento coletivo de investimento:[34] o investidor faz aportes de pequenos valores e fica com a opção de se apropriar de uma fração do valor da venda da startup no futuro.

A ideia em que vamos mergulhar neste tópico, e na qual nos aprofundaremos um pouco mais, refere-se ao caso do investidor ainda no estágio de Anjo, mas muito do que vamos falar se aplica ao investidor direto, a grupos e a coinvestimento.

Como estamos falando de um investimento de longo prazo, temos alguns pontos que nos chamam a atenção:

- Primeiro: precisamos entender que, ao buscarmos um investimento-anjo, ele pode demorar de três a seis meses para ser concretizado. Temos que saber quando exatamente vamos precisar do investimento e em que momento vamos necessitar de cada parte desse investimento, para que possamos nos movimentar e programar com antecedência; caso contrário, corremos o risco de chegar lá na frente e não conseguir o investimento, ficando sem liquidez para cobrir uma eventual lacuna financeira.
- Segundo: ir cultivando uma boa relação com os investidores. A primeira coisa é conhecer os investidores o quanto antes, mesmo na fase em que ainda não precisamos de investimento. É preciso entrar em contato com eles, procurar entender as afinidades, buscar quem tem ideias de investimentos parecidas e quem trabalha no mesmo mercado.
- Terceiro: transparência. Deve-se deixar claro quais são os pontos fortes e os pontos fracos do nosso negócio.

Lembro do caso de uma startup de que fui cofundador, quando estávamos negociando a compra de uma participação do negócio com uma empresa

---

34 Conhecido também por *equity crowdfunding*, é um mecanismo que oferece oportunidades de investimento em empresas. Ele possibilita que um conjunto de investidores financie empresas em troca de participação nelas.

de tecnologia. Eles pediram para conversar diretamente com um dos clientes. Durante essa *due diligence*,[35] foi relatado ao potencial investidor: "Olha, o CEO é um dos caras que mais conhecem de compliance no Brasil, mas o aplicativo que ele desenvolveu, a parte de tecnologia, tem muito a melhorar". O investidor acabou fechando negócio, porque eles ouviram do cliente exatamente o mesmo que eu já tinha relatado. Como já eram uma empresa de tecnologia, poderiam eles mesmos ajudar a startup a desenvolver essa área específica junto a novos clientes.

Uma vez que já temos clareza do tipo, da forma e da natureza de investimento, podemos trabalhar a mensagem a ser transmitida.

As principais mensagens

Quando falamos de negócios, existem três principais mensagens importantes que precisamos passar para um potencial investidor, conforme explico a seguir. É com base nesses três tópicos que devemos elaborar os recados.

1. ESSE NEGÓCIO VALE A PENA?

   Precisamos levar em consideração alguns pontos:
   - Qual é a oportunidade que estamos apresentando?
   - Qual é o problema que estamos resolvendo?
   - O que estamos trazendo de inovação?
   - O que tem de diferente e especial nessa inovação?
   - O que estamos solucionando para o cliente?
   - Como estamos solucionando?
   - Por que a forma como estamos solucionando é algo único?
   - Qual é o mercado ao qual estamos nos dirigindo?
   - O mercado é grande? Tem capacidade de crescer?
   - Como estão nossos competidores?

---

35 *Due diligence*: processo que envolve o estudo, a análise e a avaliação detalhada de informações de determinada sociedade empresária.

Primeiro, é necessário ter segurança a respeito de qual é a dor do cliente que está sendo resolvida. A seguir, quando falamos em *verificar se o negócio vale a pena*, ou mesmo em fazer valer a pena, não podemos menosprezar o papel do próprio investidor: em que medida ele pode alterar positivamente essa equação? Temos de lembrar que talvez estejamos tratando de um elemento muitas vezes até mais importante do que o dinheiro em si: o Smart Money,[36] ou seja, investidores que agreguem bom conhecimento ao negócio.

É fundamental que um potencial investidor contribua para que o negócio realmente valha a pena para todos. Em geral, quando existe uma oportunidade no negócio para que o investidor contribua na resolução dos problemas, na inovação, na solução, por meio de um conhecimento intrínseco que ele domina e aplica, sem dúvida isso atrai investidores de qualidade e mais comprometidos com os resultados buscados no negócio.

2. DO QUE O NEGÓCIO PRECISA?

É fundamental saber do que o negócio precisa para deslanchar. Quais são os recursos necessários para crescer e para avançar? Aqui podemos falar da tecnologia e também dos aspectos financeiros, mas não podemos jamais deixar de lado a necessidade de contar com os conhecimentos compatíveis com o que nos propomos a desenvolver.

Precisamos de pessoas que tragam os contatos necessários ao negócio. Muitas vezes o investidor pode não ser um especialista naquele mercado, naquele setor específico, mas ele consegue abrir várias portas em outro mercado.

Quando o investidor percebe tudo o que pode agregar ao negócio, ele faz as contas e conclui que o seu conhecimento e a sua rede de contatos podem proporcionar uma grande aceleração ao negócio.

3. PARA ONDE VAI O NEGÓCIO?

Precisamos responder às questões:

36 Smart Money (dinheiro inteligente, em português): serve para descrever os investidores que não vão aportar somente capital na empresa, mas que também serão um diferencial importante para o negócio devido à sua experiência e aos seus conhecimentos.

- Para onde vai o nosso negócio?
- Qual é o nosso plano?
- Qual é o potencial do nosso negócio?
- Quanto ele está crescendo?
- Qual é a expectativa? Aonde podemos chegar?

Essas informações são fundamentais para compor a terceira mensagem que devemos entregar ao investidor.

Tese de investimento

A tese de investimento é uma chave para encontrar afinidades entre as partes. Ela é o guia que dá o direcionamento que todos os envolvidos devem respeitar. É com base nela que os investidores norteiam suas decisões sobre investir ou não em um negócio.

É preciso entender que um bom investidor usa a tese de investimento do negócio para balizar suas decisões. Por meio dela pode-se eliminar a emoção e mitigar o risco do entusiasmo inicial, o famigerado FOMO.[37]

Nessa linha, devemos definir os seguintes pontos:
- Em qual setor, ramo ou segmento vamos atuar?
- Quais são os investidores que trabalham focando o mesmo setor, ramo ou segmento?
- Quais são as métricas que eles consideram?

Para entender melhor essas ideias, vou fornecer alguns exemplos com os quais estou bastante envolvido.

EXEMPLO 1 — BOSSA NOVA

Com algumas exceções, a tese do Bossa Nova em geral se baseia em B2B, ou seja, negócios focados em corporações. Na tese do Bossa Nova temos:

---

37 *Fear of Missing Out* (em português, medo de ficar de fora): percepção de que os outros estão usufruindo de oportunidades melhores do que as nossas.

- A solução tem que ser inovadora, digital, escalável.
- O problema tem que estar muito claro e os envolvidos têm que ter especialização na resolução desse problema.
- É preciso ter uma solução já validada, isto é, que já tenha passado pelas fases de validação que comentamos.
- O produto tem que estar no mercado. Não é preciso ter uma participação grande, mas já precisa estar vendendo, faturando, emitindo nota fiscal.
- A startup tem que ter mais de um ano de existência.

EXEMPLO 2 — URCA ANGELS

O Urca Angels tem quatro fatores que determinam sua tese de investimento:

1. Os sócios têm que estar dedicados exclusivamente à startup.
2. O cap table não deve estar diluído abaixo de 85% (soma das participações dos sócios que têm dedicação exclusiva).
3. Tecnologia própria. Não adianta querer terceirizar, sobretudo se for uma tecnologia inovadora.
4. Crescimento do negócio. Quanto maior o crescimento, maior o potencial de valorização.

EXEMPLO 3 — MINHA TESE DE INVESTIMENTO

No meu caso, olho sempre para três dimensões:

- A equipe. E aqui estou falando principalmente da qualidade dos sócios, de quem está à frente do negócio.
- O tamanho do mercado. Procuro ver se esse mercado é promissor ou não.
- A relevância do produto ou a inovação que está sendo apresentada.

Especificamente, meu trabalho em startups é composto por dois momentos:

- Investimento-anjo tradicional — invisto em grupos ou em pools. Basicamente, concentro meus interesses em quatro negócios: fintechs, empresas de tecnologia, edutechs e biotechs.
- Investimento very early — meu papel é entrar em uma etapa muito inicial do negócio e ajudar a estruturá-lo.

Aplico os passos que estudamos até aqui, sempre tendo como principal critério a qualidade dos sócios que vão tocar o negócio, porque considero algo fundamental.

MERGULHO NA MENTE DOS INVESTIDORES

Quando falamos em *comunicação*, temos teoricamente três elementos: o emissor, a mensagem e o receptor. Pensamos a mensagem na maneira como ela está formada na nossa mente, e assim a passamos adiante. Mas, no fundo, o que vale mesmo é como essa mensagem é percebida pelo receptor, como a pessoa que nos ouve entende o que dissemos. Temos que trabalhar bastante e com muito cuidado para formatar a mensagem de modo adequado, levando em conta o que o investidor quer e precisa ouvir, de maneira que possamos passar para ele uma informação que desperte sua atenção e seu interesse.

Uma vez que já trabalhamos o emissor e a mensagem, vamos entender um pouco mais a fundo o receptor, ou seja, quem recebe a mensagem: vamos mergulhar na mente dos investidores. Para ajudar nesse objetivo, fiz uma pesquisa com 65 investidores.

Basicamente, montei minha pesquisa com base em três perguntas básicas:
1. *O que motiva você a ser um investidor-anjo?*
2. *O que funciona na apresentação em busca de um investidor (pitch)?*
3. *O que não funciona no pitch? O que o trava?*

Inicialmente, para traçar o perfil dos investidores que responderam à pesquisa, lancei a pergunta: Em quantas empresas você já investiu? A seguir, podemos acompanhar os resultados.

Perfil do investidor

NÚMERO DE STARTUPS INVESTIDAS

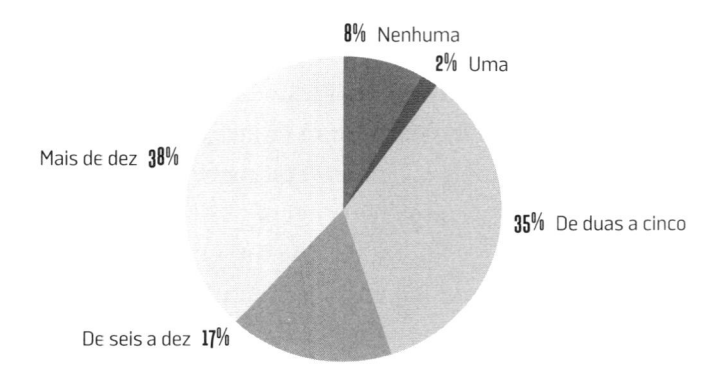

Noventa por cento dos pesquisados investiram em mais de uma startup. Vemos ainda que 55% dos investidores têm um portfólio de seis ou mais startups, o que nos leva a perceber que essas são pessoas que já têm bastante bagagem em investimentos.

Antes de mergulharmos em cada uma das três perguntas, é importante entender o que é o investidor-anjo. Por trás desse papel de investidor, vamos encontrar uma pessoa que:

- tipicamente tem estabilidade financeira;
- tem bastante conhecimento;
- é alguém que não está só querendo investir dinheiro, mas que quer contribuir para o negócio com seus conhecimentos do setor e com seu conhecimento funcional;
- é uma pessoa ousada e mais aberta;
- é dona de um forte protagonismo;
- assume riscos quando necessário.

O investidor-anjo não é uma pessoa que quer apenas ganhar dinheiro a qualquer custo. Ganhar dinheiro é importante, mas esse não é o seu único objetivo. Ele também não quer apenas ser sócio de mais uma empresa. O que ele quer é ajudar pontualmente quando necessário, a fim de gerar valor para o negócio. Normalmente, o investidor-anjo prefere crescimento em vez de dividendos.

Dito isso, vamos mergulhar mais fundo em cada uma das três questões que levantamos neste tópico.

O que motiva alguém a ser um investidor-anjo?

O que motiva as pessoas a serem investidores anjo? Já parou para pensar nisso? Vou expor aqui o que tenho acompanhado nesse mundo do empreendedorismo. Conforme os resultados da pesquisa que fiz, os principais motivadores são:

- **Ganho financeiro**
  Logicamente, um investidor tem interesse em diversificar seus investimentos para ter maior segurança e melhores possibilidades de retorno financeiro. Porém, é importante ressaltar que um investidor-anjo tem também como foco gerar valor para o negócio. Ele valoriza muito o desafio intelectual, no sentido de que não se trata apenas do dinheiro que ele investe, mas também de seu conhecimento e de sua rede de contatos, o que lhe permite fomentar o negócio de modo que este ganhe potencial para crescer muito mais.

- **Realização pessoal**
  Investir em um negócio é uma maneira de o investidor-anjo aplicar sua experiência acumulada e sua expertise. Como pessoas que estudaram muito e se aprofundaram no setor em que atuam, esses investidores normalmente têm como propósito distribuir seus conhecimentos de maneira a serem úteis em novas frentes e para outras pessoas.

- **Aprendizado**
  Não há dúvida de que, quando o investidor-anjo investe em uma startup, ele aprende muito. Ele desenvolve uma série de novas relações, enfrenta uma série de novos desafios, aprende com novas experiências e aprimora ou adquire uma boa quantidade de novas habilidades.

- **Ajudar o ecossistema e a sociedade**
  O investidor-anjo adora a possibilidade de agregar conhecimentos ao negócio, a fim de alavancar resultados. Ele faz questão de

fomentar o negócio, pelo prazer de ver as pessoas crescendo, realizando feitos, empregando outras pessoas, gerando empreendimentos e resultados de qualidade. Assim, investir no negócio faz parte dessa visão e representa um pouco a missão e o propósito de vida do investidor-anjo.

Depois de tabulados os resultados da minha pesquisa, foi possível resumir as conclusões a que chegamos, conforme veremos a seguir (as questões da pesquisa sempre permitiam mais de uma resposta). Eis o que temos a respeito dos motivos que levam um investidor-anjo a investir em um negócio:

Mente do investidor

4 MOTIVOS PARA INVESTIR

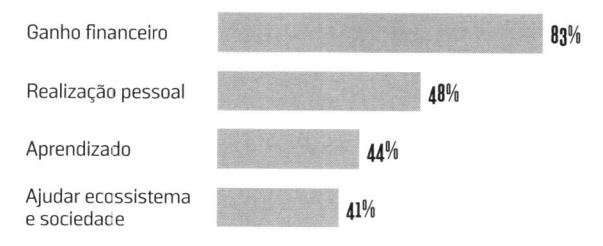

Ganho financeiro	83%
Realização pessoal	48%
Aprendizado	44%
Ajudar ecossistema e sociedade	41%

Quando cruzamos as respostas, o resultado final coincide em grande parte com o que eu penso sobre essa questão com base em minha experiência. Essas, além de outras mais pessoais, são as razões que também me motivam a ser um investidor-anjo.

O que funciona no pitch?

A segunda pergunta é: o que funciona no pitch? Quando estamos nos comunicando com um possível investidor, o que realmente surte efeito?

Primeiro vou falar um pouco sobre a minha percepção desse assunto. Depois vou passar para você a tabulação dos dados coletados. Esse resumo de informações dará uma boa visão sobre o que estamos falando.

Qual é o objetivo do pitch? Na minha visão:

- o objetivo do pitch não é conseguir investimento, não é fechar um contrato;
- o objetivo do pitch de um ou dois minutos é ganhar mais trinta minutos para conversar com o investidor;
- o objetivo do pitch de trinta minutos é ganhar mais duas horas para aprofundar a apresentação do negócio.

E assim sucessivamente. Com o pitch, vamos simplesmente buscar ganhar mais tempo e não focar a realização imediata de um negócio. Para conseguir atingir esse objetivo, temos que saber o que vamos buscar com o investidor, para nos centrarmos no que interessa e colocar a energia certa na aproximação com os possíveis investidores.

Dentro desse enfoque, o que precisamos pensar antes de fazer o nosso pitch? É preciso primeiro avaliar o que é importante, ou seja, responder a questões como:

- Do que precisamos?
- Se precisamos de dinheiro, de quanto precisamos?
- O que vamos fazer com esse dinheiro?
- Por que estamos procurando alguém para investir no nosso negócio?
- Quanto vai ser a participação dos investidores na startup? Quanto estaremos dispostos a ceder, do valor da empresa, para os investidores? É importante que isso fique bem claro e que os percentuais que ficarão nas mãos dos investidores não sejam algo muito grande. Sugiro que os investidores fiquem com no máximo 20% da startup que estão ajudando a criar. Ficar com mais do que isso não faz sentido, porque não é uma boa estratégia de construção de um negócio promissor.
- Qual é o potencial de crescimento do nosso negócio? É algo que realmente vai crescer?
- Quando o investidor colocar o dinheiro e dedicar tempo e esforço, isso vai levar ao resultado que buscamos?
- Quais são os riscos que estamos assumindo?
- O que pode trazer risco de destruir o valor do negócio? O que pode ser perdido, além do dinheiro e do tempo que o investidor estiver aportando?

Depois de responder a essas perguntas, devemos nos perguntar ainda: Em que os investidores podem agregar valor ao nosso negócio? Se for algo ao qual eles não consigam agregar algum valor, talvez não valha a pena para nós, e pode ser também que não interesse ao investidor.

Por último, há ainda uma preocupação com relação aos sócios:

- Em que medida os sócios estão envolvidos no negócio?
- Eles estão comprometidos?
- Os sócios são dedicados?
- Por quanto tempo é preciso ter os sócios se dedicando ao negócio?

Como já comentei, a postura, as atitudes e o envolvimento dos sócios são fatores muito importantes.

Pitch para investidor

6 FATORES DE MAIOR IMPACTO

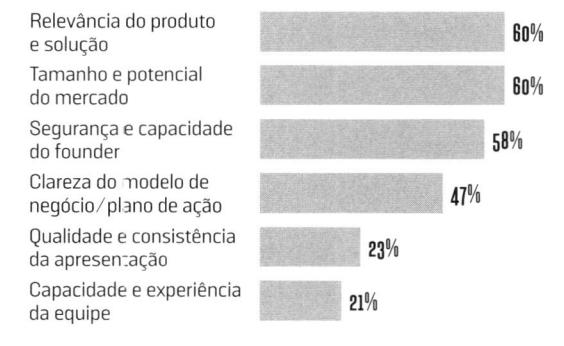

Quando olhamos para os resultados da pesquisa (gráfico acima), percebemos que existem outros pontos importantes que os investidores elencaram como suas preferências e que julgam ser um fator de grande impacto na estruturação de um pitch. Acompanhe os números:[38]

---

38 Para cada questão era possível dar mais de uma resposta, o que explica a soma total dos percentuais de todos os itens passar de 100%.

60% — RELEVÂNCIA DO PRODUTO E DA SOLUÇÃO

O produto tem que trazer a solução plena de um problema que não estava devidamente resolvido e que tenha uma grande relevância no mercado. É preciso ter potencial de escalar e solucionar uma dor do mercado. Também é importante que o produto apresente algum tipo de diferencial em relação aos outros que já existem.

60% — TAMANHO E POTENCIAL DE CRESCIMENTO DO MERCADO

O negócio tem que ter um alto potencial de crescimento no mercado. Para tanto, precisa ser sólido, efetivo e ter a possibilidade de ganhos de escala.

58% — SEGURANÇA E CAPACIDADE DO FUNDADOR

A segurança e a capacidade do fundador do negócio são fatores de grande importância na construção de um pitch de investidor. É preciso passar credibilidade e confiança e agir de modo a que as pessoas acreditem no fundador quando ele estiver fazendo um pitch. O fundador deve mostrar garra e brilho nos olhos quando fala da empresa; precisa ter conhecimento do assunto central do seu negócio e desenvoltura na sua apresentação.

47% — CLAREZA DO MODELO DE NEGÓCIO E DO PLANO DE AÇÃO

É importante ter clareza do modelo de negócio e do desenvolvimento de um plano de ação, para que um pitch seja estruturado adequadamente, de modo a cumprir o seu papel em uma abordagem de um possível investidor.

23% — QUALIDADE E CONSISTÊNCIA DA APRESENTAÇÃO

Algo que também deve ser levado em consideração é se a apresentação do fundador é boa, clara, se comunica o que é necessário. Porém, embora seja um fator em que é desejável ter qualidade de comunicação, os investidores também aceitam, diante de uma apresentação não ideal, uma pessoa que tenha afinidade com o assunto e goste do negócio.

21% — CAPACIDADE E EXPERIÊNCIA DA EQUIPE

É preciso saber se a equipe passa confiança, e também o que ela vai entregar, o nível de qualidade do time e suas especialidades, além das métricas usadas para avaliar seus resultados. A capacidade e a experiência da equipe são fundamentais para dar consistência e base às falas que serão usadas no pitch.

Finalmente, agora que vimos um pouco a respeito do que funciona em um pitch, podemos estruturar nossa mensagem para que alcancemos mais eficácia, levando a comunicação com os possíveis investidores a um nível de qualidade que realmente surta efeito.

O que não funciona no pitch

Temos ainda uma última pergunta a responder: O que não funciona no pitch? Com o que temos que tomar cuidado quando estamos fazendo essa apresentação?

Anotei a seguir alguns pontos, dentro do meu escopo de visão a respeito disso. Também vamos dar uma olhada no que diz a pesquisa que fizemos.

A EXIGÊNCIA DE CONFIDENCIALIDADE

Uma das coisas que geram bastante objeção: a pessoa traz para a conversa um termo de confidencialidade. Ela vem com aquele papo de que temos de assinar um documento prometendo sigilo antes de ela contar sua ideia. Acontece que, se a pessoa chegou até esse ponto e ainda não entendeu que só a ideia não vale nada — o que vale mesmo é a ideia implementada —, temos nisso um grande problema.

A FALTA DE OBJETIVIDADE

Todos sabemos que nosso bem mais escasso é o tempo. E não há como repor o nosso estoque de tempo. Dessa forma, se a pessoa não for direta, se não explicar rápida e claramente do que ela precisa, o que vai fazer e o que vai entregar, ela vai perder a oportunidade de falar com muitos investidores.

O EXCESSO DE JARGÕES

Esse é outro problema que considero muito delicado. A pessoa, durante a apresentação, fala usando jargões da área, querendo impressionar o ouvinte. Isso é sinal de uma conversa vazia, com pouco embasamento e provável falta de conhecimento real — ou mesmo falta de seriedade.

A verdade é que, quando a pessoa fala usando jargões demais (por exemplo, de inteligência artificial, ou outro tema considerado comum e de relevância entre as startups), o investidor já sabe que aquilo ali talvez não seja muito sólido. Vou dizer por quê: quem já trabalha com inteligência artificial e sabe programar nessa área monta uma rotina funcional em uma manhã. Dizer que vai implementar a inteligência artificial não significa muita coisa. O que realmente vai interessar ao investidor é saber como utilizar isso no negócio. É saber como aplicar a inteligência artificial para fazer o negócio funcionar e decolar.

A MIOPIA

Costumo chamar de *miopia* a situação na qual alguém fala algo como "Nós não temos concorrentes". O que entendo é que essa pessoa tem uma visão utópica do mundo. Quando falo de concorrência, não estou necessariamente falando de duas ou mais coisas similares. Estou falando que existem diversas coisas que concorrem pelo tempo da pessoa, ou para lhe proporcionar determinado resultado.

Pense comigo: o Big Brother, por exemplo, é um dos grandes concorrentes de um bom livro. Enquanto a pessoa assiste ao BBB, ela não está em condições de ler um livro ao mesmo tempo. Mais um exemplo: se o objetivo é reunir, para uma conferência, duas ou mais pessoas que estão em localidades diferentes, não precisamos necessariamente de uma companhia aérea para transportar essas pessoas do ponto A para o ponto B. Podemos simplesmente fazer uma videoconferência. Dessa maneira, podemos dizer que os aplicativos de videoconferência são concorrentes das companhias aéreas.

Esses exemplos e muitos outros casos podem ser concorrentes entre si, mesmo sendo de natureza totalmente diferente. Não dá para dizer que não se têm concorrentes. Isso é miopia. É preciso entender um pouco mais sobre o que significa *concorrência*.

A FALTA DE TATO

Outra questão bastante delicada. Eu chamo de *falta de tato*, mas também poderia dizer que é falta de percepção da irrealidade do que se está falando.

Por exemplo, a pessoa diz que vai conseguir uma participação de 1% do mercado, mas não explica como vai fazer isso e nem mesmo tem ideia a respeito de isso ser possível. Dizer algo do tipo "Se eu conseguir 1% do mercado, que é tão grande, já chegaremos a um ponto que nos interessa muito" é algo que gera muita objeção por parte do investidor.

A pessoa também pode vir com uma conversa do tipo: "Em cinco anos vamos faturar um milhão de dólares". Mas como ela vai fazer isso? De onde tirou esse número? É preciso ter clareza a respeito de como se chegou a essas projeções e do que nos dá uma real condição de atingir esses objetivos.

Talvez uma das alegações mais indelicadas e menos consistentes que se pode ouvir seja algo como: "Eu já vendi para um grande cliente que tem muita influência no mercado, mas não posso dizer quem ele é, por questão de sigilo". Coisas como essas somente contribuem para afastar os investidores.

Compilando os dados da pesquisa

Vamos dar uma olhada nos resultados da pesquisa, para ver o que os grandes investidores pensam sobre esse tema. Acompanhe no gráfico a seguir, no qual é possível ver os quatro principais erros que foram apontados como prejudiciais ao pitch para investidores:

Pitch para investidor

4 PRINCIPAIS ERROS

Erro	%
Falta de dados, despreparo e desconhecimento do negócio	58%
Baixo comprometimento e falta de credibilidade dos sócios	52%
Plano irrealista	32%
Apresentação marqueteira	24%

58% — A FALTA DE DADOS, O DESPREPARO E O DESCONHECIMENTO DO NEGÓCIO
Esse é o fator mais relevante, de acordo com as respostas dos investidores à pesquisa. A falta de dados, o despreparo do fundador e o desconhecimento do negócio são elementos que pesam muito na credibilidade e na

segurança do que está sendo proposto ao investidor. Caso o apresentador não consiga responder às questões levantadas e não tenha os números e as informações confiáveis na ponta da língua, tudo ficará muito frágil. Se ele apresenta uma conta que não faz sentido, se não escuta o que está sendo discutido ou se fica distraído quando está no meio do debate sobre os fatores do *business case*, pode pôr tudo a perder.

52% — O BAIXO COMPROMETIMENTO E A FALTA DE CREDIBILIDADE DOS SÓCIOS

O comprometimento e a credibilidade dos sócios são fundamentais para passar segurança ao investidor. Sem isso, vão ficar no ar questões do tipo: "Será que é mesmo seguro colocar dinheiro nesse negócio?"; "Será que essa pessoa está mesmo preparada para entregar tudo o que está propondo?". O baixo comprometimento e a falta de credibilidade dos sócios podem destruir totalmente uma negociação com investidores.

32% — UM PLANO IRREALISTA

Apresentar um plano irrealista é um verdadeiro tiro no pé quando se trata de negociar com possíveis investidores. Já comentei bastante sobre esse assunto nas minhas observações iniciais deste tópico.

24% — UMA APRESENTAÇÃO MARQUETEIRA

O que é uma apresentação marqueteira? É uma apresentação vazia, cujo único objetivo é impressionar o investidor, com o uso de artifícios que não se sustentam. Falei sobre isso também no início deste tópico, quando citei o uso excessivo de jargões durante a apresentação.

Desse modo, completamos esta análise sobre os fatores que precisam ser evitados, pois podem efetivamente prejudicar muito os resultados de um pitch de investidor.

Como se preparar para fazer um ótimo pitch de investidor

Já falamos sobre a *mensagem* e também sobre como o *receptor* (investidor) vai ouvir e entender o que lhe é comunicado. Agora vamos falar um pouco mais do *emissor* (em geral, o fundador do negócio) e de como ele tem que se preparar para enviar essa mensagem de forma mais eficaz e compreensível.

Para respondermos à pergunta "Como se preparar para fazer um ótimo pitch de investidor?", temos que considerar o que é importante para nós mesmos, como donos e responsáveis pelo negócio, ou o que devemos considerar, como empreendedores, na hora de negociar com um investidor.

Selecionei alguns pontos importantes com dicas valiosas para que o pitch de investidor seja feito da melhor maneira possível, visando atingir todos os seus objetivos. Vamos falar um pouco do foco do fundador do negócio, também levando em conta a visão do investidor. Afinal, muito do que vamos abordar aqui serve indistintamente para que ambos os lados tenham uma visão melhor desse tipo de comunicação e negociação.

Nessas dicas, vou trazer um pouco das minhas percepções pessoais e profissionais, mas também vou adicionar o que foi levantado na nossa pesquisa. Aliás, fiz ainda uma última proposição na pesquisa, pedindo que os investidores dessem sugestões para os empreendedores. E algumas dessas percepções nos permitem mergulhar mais profundamente nesse tema.

Vamos explorar essas ideias. Atente ao que vem a seguir, pois é um conteúdo fundamental para embasar a construção de um excelente pitch de investidor e facilitar a ampla compreensão dos investidores em relação às mensagens que estão sendo transmitidas pelos empreendedores.

- O investidor vai querer conhecer bem o empreendedor, porque entre eles está para se estabelecer uma relação de longo prazo, que precisa se mostrar sustentável e produtiva.
- O investidor quer ter certeza de que o empreendedor é uma pessoa que vai estar focada no que vai fazer, que vai ter persistência e paciência para executar o plano que está sendo proposto e levá-lo até o fim, até que os objetivos tenham sido atingidos.
- É preciso se dedicar bastante, durante o pitch, para que fique nítido o que é importante para ambas as partes da negociação. O empreendedor precisa conquistar o direito de ter mais meia hora para falar com o investidor, e ganhar mais outras duas horas, e a seguir agir para levar a conversação para um novo patamar: o de negociação.
- Na fase de negociação é importante que já existam os procedimentos de assinar um contrato e de estabelecer um pouco das regras, dos direitos e deveres de cada parte.

- Durante a interação entre empreendedor e investidor, é necessário dar atenção a pequenos detalhes de comportamento das partes (em especial, o investidor costuma observar o comportamento do empreendedor nesse primeiro momento). Deve ser observada a maneira como a pessoa se comporta e como ela se apresenta no quesito *respeito*, que pode ser observado desde o cumprimento dos horários estabelecidos até a forma como a pessoa trata o pessoal que serve um café.
- Transparência. O empreendedor precisa ser honesto quanto aos pontos fracos que ele tem. É muito mais forte e sólido explicitar seus pontos fracos abertamente do que tentar negar suas fraquezas.
- O empreendedor deve estar verdadeiramente presente quando reunido com as pessoas. É preciso se relacionar com elas de maneira plena. É vital escutar com atenção e saber ouvir o que o outro diz. Afinal, se a pessoa não escuta, não percebe o que o outro está dizendo ou não dá valor ao que ouve porque acha que já sabe tudo, como vai conseguir se beneficiar do valor que o outro tem para aportar no negócio?
- É preciso avaliar a facilidade de conciliar, de entender agendas e prioridades, chegando ao ponto em que o empreendedor consegue ceder de um lado e o investidor também cede de outro, para que os acordos e o trabalho em conjunto façam mais sentido.
- Deve-se avaliar o "fosso econômico"[39] do negócio. Aqui a pergunta é: "O que nos protege dos competidores?". Quanto maior essa proteção, maiores as chances de termos sucesso. E volto a insistir que, se o empreendedor não conseguir enxergar que tem competidores, isso só mostra sua falta de preparo. Concorrentes sempre existirão. E veja que interessante: ter concorrentes fortes é um ponto positivo, porque, se eles existem, isso acontece em razão de dois fatores descritos a seguir:

39 O Moat, ou fosso econômico, é uma vantagem competitiva que uma empresa tem sobre as demais do mesmo setor de atuação. Quanto maior o Moat, mais sustentável o negócio é no longo prazo.

- O mercado é promissor, porque há gente grande crescendo e fazendo dinheiro nele.
- Se o mercado é promissor e há alguém mais forte nele, esse alguém é um potencial comprador do negócio que está sendo montado.

- Outro enfoque que precisa ser apreciado tem um pouco a ver com *valor futuro*. Quanto esse negócio vai valer lá na frente, daqui a alguns anos? De que forma investidores e empreendedores podem contribuir para fazer o negócio valer ainda mais? O que normalmente assusta e tira o sono dos investidores é o medo de perder uma boa oportunidade.

Para encerrarmos este tópico, destaquei algumas sugestões que surgiram da nossa pesquisa e que considero importantes. Algumas delas já foram bastante discutidas neste livro ou relacionadas em outros tópicos, mas vale a pena mantê-las em foco. Acompanhe:

- Acreditar no seu negócio.
- Ter clareza a respeito do que você está resolvendo, da dor que você está ajudando o cliente a resolver.
- Mostrar que você tem conhecimento e capacidade para executar o que propõe e para resolver essa dor.
- Deixar claro que o destino do investimento vai gerar valor na startup.
- Definir quais são os próximos passos que serão dados no negócio.
- Mostrar que você e sua equipe estão altamente engajados para que tudo dê certo.
- Pesquisar antecipadamente pessoas que já investem. Começar um relacionamento com possíveis investidores bem antes de o projeto estar pronto.
- Não delegar a terceiros a criação da tecnologia. Aquilo que é fundamental para o seu negócio você deve manter consigo.
- Já estar vendendo e faturando quando for buscar investimento. Caso contrário, o valor do negócio será baixo e a parcela de *equity* pode sair cara demais.
- Ter um plano bem detalhado. Apresentar e explicar com efetividade como o plano vai funcionar.

Penso que todas essas habilidades são necessárias para alavancar o seu negócio; com certeza, muitas delas você vai desenvolver ao longo do processo. Tenha sempre em mente que o relacionamento com um investidor é algo de longo prazo e que todos esses detalhes e aprendizados devem ser conduzidos e buscados com foco, persistência e bastante paciência.

PRÓXIMA PARADA: ESTAÇÃO SUCESSO

Tudo pronto para você arregaçar as mangas e partir para a ação.

Vamos avançar até a próxima parada da sua jornada. Lá, vamos avaliar a que ponto você chegou e quais serão os próximos passos dessa estratégia de tirar a sua ideia do papel e colocá-la para funcionar no mundo real.

10

Mãos à obra

Se você chegou até aqui na leitura deste livro, com certeza percebeu que empreender pode ser a jornada que vai lhe proporcionar não somente recursos financeiros para sobreviver, mas também propósito de vida, autonomia e longevidade. Você tem agora uma segunda chance para executar o trabalho sonhado, mas que nunca teve coragem de colocar em prática.

Também já percebeu que empreender deixou de ser uma segunda opção para quem não conseguiu outra ocupação melhor e passou a ser prioridade na vida de quem quer realmente ter sucesso. De fato, vimos que algumas das empresas mais valiosas nasceram em uma simples garagem e ganharam o mundo.

DUAS PERGUNTAS, UMA CONTA E A REFLEXÃO

Caso tenha seguido todas as instruções que recebeu aqui, muito provavelmente você já conseguiu construir o seu produto. Com certeza já montou o seu modelo de negócio e já está com o seu pitch afiado.

Você também deve ter economizado bastante tempo e dinheiro por ter focado aquilo que era realmente importante para o seu cliente, ou seja, o que agrega valor para ele. E já deve saber também de quem precisa na composição da liderança da sua empresa, a fim de que ela possa deslanchar.

Para encerrar esta nossa conversa sobre a sua jornada de sucesso no empreendedorismo, quero deixar você com duas perguntas, uma conta e uma reflexão.

As *perguntas* não poderiam ser outras:

- *Qual você estima que seja o seu faturamento mensal daqui a um ano?* Pense em tudo o que já discutimos até aqui sobre o seu negócio, produto ou serviço. Avalie e imagine quanto o seu negócio poderá estar faturando daqui a um ano. Seria um faturamento mensal de R$ 4 mil, R$ 20 mil, R$ 100 mil ou mais do que isso?
- *Qual é o tipo do seu negócio?* A segunda avaliação refere-se ao tipo de negócio do qual estamos falando. Estamos tratando de um negócio tradicional, não digital, no qual você precisa de insumos para crescer? Ou seu negócio depende de produtos físicos? Ou estamos falando de um produto digital, com nível de inovação equivalente ou ligeiramente superior às outras soluções de mercado? Ou estamos nos referindo a um projeto digital totalmente disruptivo, com tecnologia própria e um evidente crescimento exponencial?

Pense com carinho nessas questões e as responda de acordo com o que você já concluiu durante a aplicação de toda a estratégia que desenvolvemos para ajudar você a *tirar o seu negócio do papel*.

Depois, faça a *conta* que sugiro:

Entre na tabela a seguir, busque o número no quadrante que esteja de acordo com o seu plano de negócio e divida esse número por 0,36.

		FATURAMENTO MENSAL EM UM ANO					
		4 MIL	20 MIL	100 MIL	500 MIL	2,5 MM	12 MM
TIPO DE NEGÓCIO	TRADICIONAL, NÃO DIGITAL	0,2	1	5	24	120	600
	DIGITAL, GRAU DE INOVAÇÃO MÉDIO	0,3	2	8	42	210	1050
	DIGITAL, DISRUPTÍVEL	0,6	3	14	72	360	1800

Por exemplo:

Vamos supor que seu negócio seja uma plataforma de negociação de contratos futuros de compra e venda de proteína animal (um negócio digital, com grau de inovação médio).

Suponhamos, também, que daqui a um ano o seu faturamento atinja R$ 100 mil por mês.

Cruzando na tabela o faturamento de R$ 100 mil mensais com um negócio digital de grau de inovação médio, encontramos o número oito.

Faça a seguinte conta: 8 dividido por 0,36. Você encontrará o resultado 22,2.

Mas o que significa isso? Me deixe contar uma coisa incrível: o número oito significa que o seu negócio vai valer R$ 8 milhões. E 22,2 significa que, a cada dia que você não avança na direção do seu negócio, postergando seu plano, você está deixando na mesa R$ 22,2 mil. Você está deixando de faturar essa quantia.

Finalmente, vamos à *reflexão final*.

O que você vai fazer hoje para avançar no sentido de desenvolver o seu negócio?

O que você pode fazer agora para avançar na direção da realização do seu plano?

Pense bem sobre isso e imagine quantas pessoas você poderá impactar. Pense na transformação que poderá promover no planeta e em quanto valor conseguirá gerar a partir do seu negócio, se adotar as ações certas o quanto antes.

Mãos à obra. Construa o seu sucesso.

Você acabou de ler este livro e está com a cabeça fervilhando de ideias: chegou a hora de transformá-las em realidade. Vou deixar aqui o meu contato para você me dizer como pretende colocar em prática tudo o que aprendeu. Comente como fará para tirar a sua ideia do papel e me diga se gostaria de se aprofundar em algum tema específico ou de qual ajuda necessita neste momento.

Muito sucesso! Quero ver você voar e o seu produto, no mercado!

Forte abraço,
JORGE AZEVEDO
jorge@maestro-destino.com

Fontes MORE PRO, SOLIDO
Papel ALTA ALVURA 90 G/M^2
Impressão IMPRENSA DA FÉ